最新物流师职业资格认证培训考试指导书

货物运输实务

习题与解答

霍　红　陈化飞　主编

中国财富出版社

图书在版编目（CIP）数据

货物运输实务习题与解答／霍红，陈化飞主编．—北京：中国财富出版社，2012. 10（2023. 8 重印）
（最新物流师职业资格认证培训考试指导书）
ISBN 978－7－5047－4463－0

Ⅰ．①货…　Ⅱ．①霍…　②陈…　Ⅲ．①货物运输—资格考试—题解　Ⅳ．①U－44

中国版本图书馆 CIP 数据核字（2012）第 220579 号

策划编辑 张　茜　　**责任印制** 梁　凡
责任编辑 白　昕　赵晓微　　**责任校对** 孙会香　杨小静

出版发行 中国财富出版社（原中国物资出版社）
社　　址 北京市丰台区南四环西路 188 号 5 区 20 楼　　**邮政编码** 100070
电　　话 010－52227588 转 2098（发行部）　　010－52227588 转 321（总编室）
010－52227566（24 小时读者服务）　　010－52227588 转 305（质检部）
网　　址 http：//www. cfpress. com. cn
经　　销 新华书店
印　　刷 北京九州迅驰传媒文化有限公司
书　　号 ISBN 978－7－5047－4463－0/U · 0075
开　　本 880mm×1230mm　1/16　　**版　　次** 2012 年 10 月第 1 版
印　　张 10. 25　　**印　　次** 2023 年 8 月第 4 次印刷
字　　数 203 千字　　**定　　价** 28. 00 元

前　　言

现代物流起源于20世纪50年代的美国，我国于20世纪70年代末从日本、美国开始引进现代物流的理念，二十多年来，已经取得了很大进展。现代物流的发展前景十分广阔。在我国，物流专业人才已被列为我国12类紧缺人才之一。中国物流与采购联合会同全国物流标准化技术委员会一起，根据加入WTO后应与国际惯例接轨，职业资格认证将由行业主管协会负责的趋势，在全国范围内统一推行物流师职业资格认证工作。其中《货物运输实务》是物流师考试中的必考科目之一。在结合《货物运输实务》培训教材主要介绍运输概论、公路货物运输、铁路货物运输、航空货物运输、水路货物运输、国际多式联运、货物运输单证和风险管理等知识的基础上，本书按照章节顺序、考试大纲和考试题型要求，编写了判断题、单选题、多选题、情景问答题、计算题、论述题、案例题，可使考生巩固所学知识，熟悉各级考试的各种题型，迅速把握该门课程的学习要点和复习重点，为应试做好充分准备。

本书由霍红、陈化飞主编，单元1～单元6由陈化飞编写，单元7由任宗伟编写，参加本书前期资料收集和后期整理的研究生有钟海岩、冯坤、张亚茹、曹明慧等，全书由霍红统编。

由于时间仓促、水平有限，书中难免有不当之处，恳请广大读者批评指正。

编　者

2012年10月

目　录

试题篇

答案篇

试 题 篇

单元1
货物运输概述

单元2
公路货物运输

单元3
铁路货物运输

单元4
航空货物运输

单元5
水路货物运输

单元6
多式联运

单元7
货物运输单证和风险管理

单元1　货物运输概述

本单元学习目标

1. 了解物流管理中货物运输的基本概念
2. 熟悉各种运输工具和设施
3. 了解货物运输环节和所有当事人的角色和任务
4. 掌握货物运输的主要操作过程

一、判断题（本类题型所包含的每道小题都只有正确或错误的一种答案，你认为正确的请在答题卡对应的题号上涂 A，错误的涂 B。）

1. 货物运输是指当供应方和需求方分别在两地（两个或两个以上的国家或地区）时，为了克服生产和消费之间空间的间隔，对货物进行物理性移动的一项贸易或者交流活动。(　　)

2. 物流系统讲述的“三流合一”即实物流、资金流和人才流。(　　)

3. 在需要快速补货的情况下，采取空运甚至会比海运更符合企业的需求。(　　)

4. 公路运输可以和铁路车站、港口和机场配合，成为集散物资的重要手段，但是不可以自成独立的运输体系。(　　)

5. 根据所承担的任务、功能和适应的交通量不同，我国公路被分为四个等级：高速公路、一级公路、二级公路和三级公路。(　　)

6. 我国公路运输系统中的“一级公路”指的是连接政治、经济中心或大工矿区的干线公路或城郊公路。(　　)

7. 码头是具有水陆联运设备和条件，供船舶安全进出和停泊的运输枢纽，是水陆交通的集结点，工农业产品和外贸进出口物资的集散地，船舶停泊、装卸货物、上下旅客、补充给养的场所。(　　)

8. 港口是供船舶停靠、货物装卸和旅客上下的建筑物，其配套设施还包括仓库、堆场、道路、铁路等。(　　)

9. 管道运输是用管道作为货物运输工具的一种长距离输送液体、气体或者浆体物资的运输方式。当今世界大部分的石油、绝大部分的天然气都是通过管道运输的。(　　)

10. 管道运输的特点是运量大，建设投资相对较小，占地面积少，但是受地理条件的影响较大。(　　)

11. 管道运输的局限性较大，如无法灵活运送，对货物的要求很高，运输对象单一，所以其不具有通用性。(　　)

12. 货运汽车按照载重吨位可分为：微型货车（1.8 吨以下）、轻型货车（1.8～5 吨）、中型货车（5～14 吨）、重型货车（14 吨以上）。（　　）

13. 拖挂车实际上由挂车与牵引车两部分组成，二者通过一个连接机构相连，是提高运输生产率的有效工具。（　　）

14. 铁路车辆中的特种货车是指具有某种专门用途或者特殊（种）用途的货车，包括架桥机械车、铺轨车、凹型车、落下孔车、钳夹车等。（　　）

15. 可变换集装箱船的货舱根据需要可随时改变，既可装运集装箱，也可以装运其他普通杂货。（　　）

16. 船舶集装箱中的冷冻集装箱，可分为外置式和内置式冷冻集装箱两种。外置式集装箱：在运输过程中可随意启动冷冻机，使集装箱保持指定温度；内置式集装箱：必须依靠集装箱专用车、船和专用堆场，或车站上配备的冷冻机来制冷。（　　）

17. 新鲜蔬菜和水果等怕热怕闷的货物若用船舶集装箱运输的话，比较适用的集装箱类型是保温集装箱。（　　）

18. 运输作业中所涉及的组织称作“当事人”，其中“当事人”包括托运人、承运人、代理人（包括无船承运人和国际多式联运经营人）和收货人。（　　）

19. 委托他人为本人与承运人订立货物运输合同的人叫做货运代理人。（　　）

20. 实际承运人是指在货物运输合同中承担提供运输工具（船舶、飞机、汽车、火车等）并负责按照托运人的指示将货物运送到目的地的当事人。（　　）

21. 运输作业中所涉及当事人包括托运人、承运人、代理人和收货人，其中的“人”都是组织的概念。（　　）

22. 无船承运人具有全部承运人的职能。（　　）

23. “NVOCC”是无船承运人的简称。（　　）

24. 承运人是指在货物运输合同中承担提供运输工具（船舶、飞机、汽车、火车等）并负责按照托运人的指示将货物运送到目的地的当事人。（　　）

25. 货运代理，简称“货代”，是根据托运人的委托，为托运人提供服务的人，其本人并非承运人。（　　）

26. 货运代理，简称“货代”，是根据托运人的委托，为托运人提供服务的人，其本人并非承运人（NVOCC 除外）。（　　）

27. 国际货物运输代理企业既可以作为独立经营人从事国际货运代理业务，也可以作为

进出口货物托运人的代理人。（　　）

28. 无船承运人是指无船承运业务的经营者以承运人的身份接受托运人的货载，签发自己的提单或其他运输单证，向托运人收取运费，通过国际船舶运输经营者完成国际海上货物运输，承担承运人责任的海上运输经营活动的组织。（　　）

29. 国际货物运输代理企业之间一般不可以相互委托办理有关的业务。（　　）

30. 船务代理是指接受承运人的委托，代办与船舶有关的一切业务的人。（　　）

31. 船舶代理分国内水运船舶代理和国际海运船舶代理两种。（　　）

32. 国内水运船舶代理通常有船舶揽货总代理和不负责揽货的船舶代理两种形式，其主要工作是代表船公司安排到离港的船舶与港口当局、检验检疫、海关等相关部门衔接、船舶进出港作业、装卸货、安排装船和出运、处理单证、代理船公司签发提单、接受订舱等一系列和海洋运输有关的业务以及对承运人的其他服务性工作。（　　）

33. 在复杂的货运情况下，主运单和分运单上所示的收货人的意义相同。（　　）

34. 在复杂的货运情况下，主运单和分运单上所示的收货人的意义有所不同。分运单上的收货人往往是货运代理，而主运单上的收货人则往往是真正的收货人。（　　）

35. 运单上所指的收货人情况较为复杂，有时由于进口管制的原因，最终的收货人并不体现在运单上。运单上的收货人往往是进口商，而在“通知人”一栏显示的可能才是真实的收货人。（　　）

36. 送货是货物实体由托运人转移到承运人手中的开始。（　　）

37. 虽然发生了货物实体的转移，但是货物在途管理责任仍然在托运人手中。（　　）

38. 包装是指为在流通过程中保护商品，改变储运、促进销售，按一定技术方法而采用的容器、材料及辅助物的总体名称。也指为了达到上述目的而采用容器、材料及辅助物的过程中施加一定技术方法等的操作活动。（　　）

39. 货物的外包装最主要的作用是一个品牌的外在表现，是企业希望自己的品牌带给消费者的一种感觉，是最直接最有效的广告载体。（　　）

40. 货物的内外包装的特点基本上就决定了使用何种运输工具来完成该货物的运输。（　　）

41. 装货完成之后，托运人和承运人要办理相关货物交接手续，一般是由双方在运输单证上签字表明货物已经按照实际情况由托运人在约定的时间和地点转移到承运人手中。（　　）

42. 承运人接货过程中需要完成的各个步骤的顺序应该是：单证——验货——装货。(　　)

43. 运输途中货物的安全、完好均应当由承运人负责，包括发生不可抗力的情况，但是合同另有规定的除外。(　　)

44. 交付是指承运人按照货运单证上的要求，按时、完好地在约定的目的地把承运的货物交给收货人。(　　)

45. 支付是指承运人按照货运单证上的要求，按时、完好地在约定的目的地把承运的货物交给收货人，其程序应该是：通知——交接——验收。(　　)

46. 成品油、天然气等货物的长距离运输需要通过管道运输方式。(　　)

47. 货物运输工具包括船舶、飞机、机车车辆、汽车和其他，其作用是以载体的形式来实现对所承载货物的空间上的位移。(　　)

48. 微型货车的吨位一般应该在 6 吨以下。(　　)

49. 重型货车的吨位一般应该在 14 吨以上。(　　)

50. 人们经常说的“皮卡”，学名应该是轻型送货车，它属于厢式载货汽车的一种。(　　)

51. 铁路运输工具由机车和车辆构成。机车俗称车皮。机车分蒸汽机车、内燃机车和电力机车。铁路车辆种类很多，主要有通用货车、专用货车和特种货车。(　　)

52. 运输包装成捆、成包、成箱的杂货的船，称为杂货船，也叫做普通货船。(　　)

53. 液体集装箱是为运输食品、药品、化工品、酒类等液体货物的特殊集装箱，其结构是在一个金属框架内固定上一个液罐。(　　)

54. 货物的外包装可以保证商品在运输等过程中不散包、不破损、不受潮、不污染、不变质、不变味、不变形、不腐蚀、不生锈、不生虫，保持商品的数量和质量不变。(　　)

55. 包装的主要作用是便于储运与保护货物，包装分为外包装、内包装和单个包装。(　　)

56. 现代化的交通运输系统由铁路、水路、公路、航空和管道五部分组成，这些运输系统和企业的库存、仓储、配送、信息传递和财务管理等经营活动息息相关。(　　)

57. 如果将物流中的货物运输从企业外部和企业内部的角度分析，则企业内部涉及的是生产物流中的内部分拨作业，企业外部涉及的是货物交付和各种运输实务，包括逆向物流及其他有关部门的管理，如政府相关机构和各级交通运输管理部门的管理等。(　　)

58. 铁路运输具有灵活机动、迅速方便，可以提供“门到门”的物流服务的特点。（　　）

59. 按输送介质不同可以将管道分为原油管道、成品油管道、天然气管道、油气混输管道、固体物料浆体管道等。（　　）

60. 管道运输是五种运输方式中环保程度最高的清洁运输方式，沿线不产生噪声，由于节能和高度自动化，用人较少，使运输费用大大降低，而且漏失污染很少。（　　）

二、单选题（本类题型所包括的每道小题只有一个正确答案，请在给出的选项中选出正确答案。）

1. 根据所承担的任务、功能和适应的交通量不同，我国公路被分为（　　）。

A. 四个等级　　B. 五个等级　　C. 六个等级　　D. 七个等级

2. 具有水陆联运设备和条件，供船舶安全进出和停泊的运输枢纽，是水陆交通的集结点，工农业产品和外贸进出口物资的集散地，船舶停泊、装卸货物、上下旅客、补充给养的场所是（　　）。

A. 港口　　B. 码头　　C. 口岸　　D. 保税区

3. 超高货是指货物的高度超过集装箱的箱门高度的货物，超高货可选用（　　）。

A. 杂货集装箱　　B. 开顶式集装箱　　C. 罐式集装箱　　D. 散货集装箱

4. 载货容积大，货箱密封性好，尤其是轻质合金及增强合成材料的使用，为减轻车厢自重，提高有效载重量创造了良好的条件，这种汽车是（　　）。

A. 平板式载货汽车　　B. 拖挂车　　C. 汽车列车　　D. 厢式载货汽车

5. 箱内有隔热层，箱顶有能调节角度的进出风口，可利用外界空气和风向来调节箱内温度，密闭时能在一定时间内不受外界气温影响，适宜装运对温湿度敏感的货物，这种集装箱是（　　）。

A. 冷冻集装箱　　B. 保温集装箱　　C. 通风集装箱　　D. 平台集装箱

6. 委托他人为本人与承运人订立货物运输合同的人叫做（　　）。

A. 货运代理人　　B. 承运人　　C. 托运人　　D. 收货人

7. 空运集装箱类型一般分为 AKE、AKN、DPE 和 DPN 四种，AKE 中的“A”字母代表（　　）。

A. 经适航审定的集装箱　　B. 未经适航审定的集装箱

C. 底面尺寸为 1534 毫米 × 1526 毫米的集装箱

D. 底面尺寸为1534毫米×1194毫米的集装箱

8. 空运集装箱类型一般分为AKE、AKN、DPE和DPN四种，DPE中的“D”字母代表（　　）。

A. 经适航审定的集装箱　　B. 未经适航审定的集装箱

C. 底面尺寸为1534毫米×1526毫米的集装箱

D. 底面尺寸为1534毫米×1194毫米的集装箱

9. 其主要工作是代表船公司安排到离港的船舶与港口当局、检验检疫、海关等相关部门衔接、船舶进出港作业、装卸货、安排装船和出运、处理单证、代理船公司签发提单、接受订舱等一系列和海洋运输有关的业务以及对承运人的其他服务性工作，这样的船舶代理是（　　）。

A. 国际海运船舶代理　　B. 船舶揽货总代理

C. 不负责揽货的船舶代理　　D. 国内水运船舶代理

10. 在复杂的货运情况下，主运单和分运单上所示的收货人的意义有所不同。主运单上的收货人则往往是（　　）。

A. 货运代理　　B. 真正的收货人　　C. 进货商　　D. 承运人

11. 主要作用是一个品牌的外在表现，是企业希望自己的品牌带给消费者的一种感觉，是最直接最有效的广告载体，这种包装是（　　）。

A. 内包装　　B. 外包装　　C. 单个包装　　D. 捆绑包装

12. 货物从托运人转交给承运人时，必须要办理的手续，而且其目的是分清责任，这种活动叫做（　　）。

A. 接货　　B. 验货　　C. 装货　　D. 单证

13. 承运人接货过程中需要完成的各个步骤的顺序应该是（　　）。

A. 装货—验货—单证　　B. 单证—验货—装货

C. 验货—装货—单证　　D. 验货—单证—装货

14. 支付是指承运人按照货运单证上的要求，按时、完好地在约定的目的地把承运的货物交给收货人，其程序应该是（　　）。

A. 通知—交接—验收　　B. 通知—验收—交接

C. 交接—通知—验收　　D. 交接—验收—通知

15. 轻型货车的吨位一般应该在（　　）。

A. 1.8 ~5 吨　　B. 1.8 ~6 吨　　C. 6 ~10 吨　　D. 1.8 ~6 吨

16. 铁路车辆种类很多，主要有通用货车、专用货车和特种货车，以下车辆属于专用货车的是（　　）。

A. 平车　　B. 冷藏车　　C. 棚车　　D. 凹型车

17. 铁路车辆种类很多，主要有通用货车、专用货车和特种货车，以下车辆属于通用货车的是（　　）。

A. 平车　　B. 冷藏车　　C. 钳夹车　　D. 凹型车

18. 铁路车辆种类很多，主要有通用货车、专用货车和特种货车，以下车辆属于特种货车的是（　　）。

A. 平车　　B. 冷藏车　　C. 钳夹车　　D. 罐车

19. 具有灵活机动、迅速方便，可以提供“门到门”的物流服务的运输方式是（　　）。

A. 铁路运输　　B. 公路运输　　C. 航空运输　　D. 水路运输

20. 五种运输方式中环保程度最高的清洁运输方式为（　　）。

A. 铁路运输　　B. 公路运输　　C. 航空运输　　D. 管道运输

21. 公路运输工具主要包括货运汽车与（　　）。

A. 客货两用汽车　　B. 客运汽车　　C. 载货汽车　　D. 载重汽车

22. 铁路运输车辆种类很多，主要有通用货车、专用货车和特种货车。在通用货车主要用于运送钢材、木材、汽车、机械设备等体积或重量较大的货物，也可借助集装箱运送其他货物的是（　　）。

A. 棚车　　B. 敞车　　C. 平车　　D. 长大货物车

23. 铁路运输车辆种类很多，主要有通用货车、专用货车和特种货车。在通用货车主要用来装运贵重和怕日晒雨淋的货物的是（　　）。

A. 棚车　　B. 敞车　　C. 平车　　D. 长大货物车

24. 铁路运输车辆种类很多，主要有通用货车、专用货车和特种货车。在通用货车主要运送煤炭、矿石、矿建物资、木材、钢材等大宗货物，也可用来运送重量不大的机械设备的是（　　）。

A. 棚车　　B. 敞车　　C. 平车　　D. 长大货物车

25. 铁路运输车辆种类很多，主要有通用货车、专用货车和特种货车。在专用货车主要装运各种液体、液化气体和粉末状货物等的是（　　）。

A. 罐车　B. 保温车　C. 集装箱车　D. 长大货物车

26. 在短距离的运输中，具有灵活、快捷、方便优势的运输方式是（　　）。

A. 公路运输　B. 水路运输　C. 铁路运输　D. 航空运输

27. 铁路运输车辆种类很多，主要有通用货车、专用货车和特种货车。在专用货车主要用于运输易腐或对温度有特殊要求的货物的车辆是（　　）。

A. 罐车　B. 保温车　C. 集装箱车　D. 长大货物车

28. 铁路运输车辆种类很多，主要有通用货车、专用货车和特种货车。在专用货车主要用于设有固定集装箱的装置，专供装运集装箱的车辆是（　　）。

A. 罐车　B. 保温车　C. 集装箱车　D. 长大货物车

29. 铁路运输车辆种类很多，主要有通用货车、专用货车和特种货车。在专用货车主要供运输重量特大或长度特长的货物车辆是（　　）。

A. 罐车　B. 保温车　C. 集装箱车　D. 长大货物车

30. 没有箱顶，可用起重机从箱顶上装卸货物，途中用防水布覆盖顶部，适合于装载体积高大的物体，如玻璃板、雕塑、较重的设备等，这种集装箱是（　　）。

A. 框架集装箱　B. 开顶集装箱　C. 冷冻集装箱　D. 普通集装箱

31. 没有箱顶和两侧，特点是从集装箱侧面进行装卸。以超重货物为主要运载对象，还便于装载牲畜，还可以装运如钢材之类的裸装货，这种集装箱是（　　）。

A. 框架集装箱　B. 开顶集装箱　C. 冷冻集装箱　D. 普通集装箱

32. 形状类似铁路平板车，适宜装超重超长货物，货物的长度可达6米以上，宽4米以上，高4.5米左右，重量可达40吨。两台平台集装箱联结起来可以装80吨的货物，这种箱子装运汽车极为方便，这种集装箱是（　　）。

A. 框架集装箱　B. 开顶集装箱　C. 平台集装箱　D. 普通集装箱

33. 箱内有隔热层，箱顶有能调节角度的进出风口，可利用外界空气和风向来调节箱内温度，密闭时能在一定时间内不受外界气温影响，适宜装运对温湿度敏感的货物，这种集装箱是（　　）。

A. 框架集装箱　B. 开顶集装箱　C. 冷冻集装箱　D. 保温集装箱

34. 箱壁有通风孔，内壁涂塑料层，适宜装新鲜蔬菜和水果等怕热怕闷的货物，这种集装箱是（　　）。

A. 保温集装箱　B. 通风集装箱　C. 冷冻集装箱　D. 普通集装箱

35. 内部有可悬挂衣服的设备，适合装运服装类商品的集装箱称为（　　）。

A. 挂式集装箱　B. 罐式集装箱　C. 散装集装箱　D. 普通集装箱

36. 空运集装箱类型一般分为 AKE、AKN、DPE 和 DPN 四种类型，其中字母“E”代表的含义是（　　）。

A. 适配于宽体机型的底舱，有插槽　B. 经适航审定的集装箱

C. 适配于宽体机型的底舱，无插槽　D. 未经适航审定的集装箱

37. 空运集装箱类型一般分为 AKE、AKN、DPE 和 DPN 四种类型，其中字母“N”代表的含义是（　　）。

A. 适配于宽体机型的底舱，有插槽　B. 经适航审定的集装箱

C. 适配于宽体机型的底舱，无插槽　D. 未经适航审定的集装箱

38. 一般用于运距较短、货物批量较小、对运达时间要求较高的货物运输，这种载货汽车广泛应用于商业和邮件运输等服务行业，这种车辆是（　　）。

A. 平板式载货汽车　B. 拖挂车　C. 厢式载货汽车　D. 小型厢式载货汽车

39. 由牵引车或汽车与挂车组成，两者间能摘能挂，可按需要灵活调配车辆，又可实行甩挂运输，这种车辆是（　　）。

A. 平板式载货汽车　B. 拖挂车　C. 汽车列车　D. 厢式载货汽车

40. 由拖车（又称“牵引车”）和挂车两部分组成，二者通过一个连接机构相连，是提高运输生产率的有效工具，这种车辆是（　　）。

A. 平板式载货汽车　B. 拖挂车　C. 汽车列车　D. 厢式载货汽车

三、多选题（本题型所包含的每道小题都有不止一个正确答案，请选出你认为正确的答案，错选和多选者本小题不得分，少选但选项正确的可得到相应的分数。）

1. 物流系统讲述的“三流合一”中的“三流”包括（　　　）。

A. 实物流　B. 资金流　C. 人才流

D. 信息流　E. 商流

2. 现代化的交通运输系统主要有哪几个组成部分（　　　）。

A. 铁路运输　B. 公路运输　C. 水路运输

D. 航空运输　E. 管道运输

3. 根据所承担的任务、功能和适应的交通量不同，我国公路被分为（　　）。

A. 高速公路　B. 一级公路　C. 二级公路

D. 三级公路　E. 四级公路

4. 管道运输的特点主要有（　　）。

A. 运量较大　B. 建设投资相对较大　C. 占地面积少

D. 受地理条件的影响较大　E. 运输对象比较单一

5. 管道运输的局限性有很多，下列各选项中体现管道运输局限性的有（　　）。

A. 无法灵活运送　B. 对货物的要求很高　C. 运输对象单一

D. 不具有通用性　E. 受地理条件的影响较大

6. 按照汽车的整体结构可将货运汽车分为（　　）。

A. 单车（整体式）　B. 拖挂车　C. 汽车列车（铰接式）

D. 小型厢式载货汽车　E. 平板式载货汽车

7. 铁路车辆种类很多，主要有通用货车、专用货车和特种货车。其中通用货车包括（　　）。

A. 敞车　B. 棚车　C. 平车　D. 罐车　E. 保温车

8. 空运集装箱类型一般分为（　　）。

A. AKE　B. AKN　C. AKA　D. DPE　E. DPN

9. 运输集装箱货物的船舶可分为（　　）。

A. 全集装箱船　B. 半集装箱船　C. 可变换集装箱船

D. 不可变换集装箱船　E. 冷冻集装箱船

10. 运输作业中所涉及的组织称作“当事人”，以下选项中属于运输作业“当事人”的有（　　）。

A. 托运人　B. 承运人　C. 无船承运人

D. 国际多式联运经营人　E. 收货人

11. 货运代理收取代理费或佣金从事与运送合同有关的以下活动：（　　）。

A. 仓储　B. 报关报检　C. 订舱　D. 配载　E. 收款

12. 适合水运的货物有（　　）。

A. 普通干货　B. 危险品　C. 液态物品

D. 鲜活物品　E. 大宗物品

13. 国际货运代理的责任按责任范围大小可分为（　　　　）。

A. 只承担承运人责任　　B. 不负任何责任

C. 承担承运人和第三方造成损失的责任

D. 责任取决于合同的条文　　E. 仅对自己的错误和疏忽负责

14. 国际货物运输代理企业可以接受委托，代为办理（　　　　）。

A. 仓储与订舱　　B. 货物的监装与监卸　　C. 代办报关、报检

D. 国际快递业务（包括私人信函）

E. 缮制有关单证、交付运费、交付杂费、结算

15. 以下各项中属于国际海运船舶代理工作的有（　　　　）。

A. 安排装船和出运　　B. 船舶进出港作业

C. 代理船公司与海关等相关部门衔接

D. 处理单证　　E. 代理船公司签发提单

16. 铁路运输、公路运输、水路运输、航空运输，虽然运输方式各不相同，但是在其运输操作过程一般都涉及（　　　　）。

A. 发货　　B. 接货　　C. 运送　　D. 交付　　E. 通关

17. 在接货的时候，无论是托运人还是承运人都要关注（　　　　）。

A. 包装　　B. 验货　　C. 装货　　D. 通关　　E. 单证

18. 交付是指承运人按照货运单证上的要求，按时、完好地在约定的目的地把承运的货物交给收货人，其主要程序应该是（　　　　）。

A. 通知　　B. 运送　　C. 验收　　D. 交接　　E. 收货

19. 水路运输的设施设备主要包括（　　　　）。

A. 船舶　　B. 港口　　C. 码头　　D. 仓库　　E. 堆场

20. 以下货物在长距离运输过程中需要通过管道运输的有（　　　　）。

A. 原油　　B. 天然气　　C. 煤　　D. 水　　E. 水泥

21. 公路运输工具主要包括（　　　　）。

A. 客运汽车　　B. 货运汽车　　C. 载货汽车　　D. 载重汽车　　E. 载客汽车

22. 敞车适合运送的货物是（　　　　）。

A. 煤炭　　B. 矿石　　C. 矿建物资　　D. 木材　　E. 钢材

23. 铁路车辆种类很多，主要有通用货车、专用货车和特种货车，以下车辆属于专用货

车的有（　　　　）。

A. 平车　　B. 冷藏车　　C. 棚车　　D. 凹型车　　E. 水泥车

24. 铁路车辆种类很多，主要有通用货车、专用货车和特种货车，以下车辆属于特种货车的有（　　　　）。

A. 平车　　B. 冷藏车　　C. 钳夹车　　D. 凹型车　　E. 架桥机械车

25. 一般运输大宗干散货物的船舶都可以称为散货船，按散货船的等级可将其分为(　　　　)。

A. 灵便型散货物　　B. 巴拿马型散货物　　C. 好望角型散货物

D. 大湖型散货物　　E. 复杂型散货物

26. 为了达到供应链的一体化目标，企业首先要对实物的流动进行有效的管理。就实物的流动来说，以下哪些内容是大多数企业涉及的（　　　　）。

A. 供应物流　　B. 回收物流　　C. 生产物流　　D. 销售物流　　E. 废弃物物流

27. 拖挂车的组成是（　　　　）。

A. 拖车　　B. 敞车　　C. 挂车　　D. 车厢　　E. 车皮

28. 货运飞机主要包括（　　　　）。

A. 国产飞机　　B. 波音系列　　C. 麦道系列　　D. 俄罗斯飞机　　E. 英国飞机

29. 货运船舶按其用途分，大致可分为（　　　　）。

A. 客货两用船　　B. 散货船　　C. 杂货船　　D. 集装箱船　　E. 其他类型船

30. 以下车辆中属于铁路车辆中的专业货车的有（　　　　）。

A. 罐车　　B. 冷藏车　　C. 保温车　　D. 凹型车　　E. 水泥车

四、情景问答题（请简要回答下面的问题）

1. 中国铁路运输系统建设在改革开放后取得了令人瞩目的发展。2010 年我国铁路建设取得了巨大成就，迈入了高铁时代。铁路客货运量大幅增长。高铁运营里程达到了 8358 千米，日开行动车组列车 1200 列。货物发送量完成 36.3 亿吨，比 2009 年增长 9.3%，创历史最好成绩。截至 2010 年年底，我国新建高铁营业里程达到 5149 千米，高铁快速扩充了铁路运输能力，为实现我国铁路客货分线运输创造了条件。铁路运输相对于其他几种运输方式而言，具有的优越性主要体现在哪里？与此同时，铁路运输又存在哪些局限？

2. 近年来，民航管理部门逐步放松了对国内航空货运业的管制，极大地降低了国内航空货运市场的准入门槛，同时还积极扩大国际航空货运业务的对外开放，有效地促进了我国航空货运的快速发展。在航权开放方面，近年来我国加大了与外国航空公司运输安排的灵活程度。与欧美等国的航空公司就运力、航线、第五航权、代码共享、包机等事项签订了比较宽松的双边运输协定。在通关服务方面，我国海关也颁布了支持国际机场全面提升运作效能的诸项服务措施。据你所知，目前常用的通关服务措施有哪些？请具体举一例进行详细介绍。

3. 在我国“十二五”规划里，我国公路将基本建成由7条放射线、9条纵线和18条横线组成的国家高速公路网。通车里程达8.3万千米，基本覆盖20万以上人口城市，加大国省干线公路改造力度，国道二级以上公路里程比重达到70%以上，基本实现具备条件的县城通二级及以上标准公路。结合公路运输的优越性，谈谈为什么我国要大力发展公路运输事业？

4. 根据国家《全国内河航道与港口布局规划》，我国将建成“两横一纵两网十八线”的水路运输网。在水运资源较为丰富的长江水系、珠江水系、京杭运河与淮河水系、黑龙江和松辽水系及其他水系形成长江干线、西江航运干线、京杭运河、长江三角洲高等级航道网、珠江三角洲高等级航道网和18条主要干支流高等级航道的布局，构成我国各主要水系以通航千吨级及以上船舶的航道为骨干的航道网络。简单介绍一下水路运输的分类及其优劣势。

5. 张某是浙江金华实业有限公司的运输部经理，2010年6月公司需要通过集装箱运输向国外出口四种货物：①舟山产的鱿鱼；②永康产的五金交电；③黄岩产的蜜橘；④兰溪产的杨梅。那么，张某应该如何选择集装箱的类型，才能尽可能地降低货物在途中的损耗？

6. 浙江某公司需要通过铁路运输，将三种产品运送到哈尔滨，主要货物有散装水泥，93#柴油和煤炭。假如你是该公司的主管，那么你会选择何种类型的铁路车辆来运送这三种产品？为什么？

五、论述题

1. 随着国际贸易的发展，商品结构不断变化，出现了各种不同类型的集装箱。那么集装箱的主要类型有哪些呢？

2. 运输实务主要涉及哪些当事人？他们在运输实务中各自扮演了什么角色？

3. 简述货物运输实务的三个主要过程。

六、案例题

1. 我国某进口公司与外商签订了一批进口商品名称为“手工制造书写纸”的合同。结果我方收到货物后，经检验发现货物部分制造工序是机械制造，于是我方要求退货并要求对方予以损害赔偿。

请问：我方公司的要求是否合理？

2. 某公司首次承揽到三个集装箱运输业务，时间较紧，从上海到大连铁路1200千米，公路1500千米，水路1000千米。该公司自有10辆10吨普通卡车和一个自动化立体仓库，经联系附近一家联运公司虽无集装箱卡车，但却有专业人员和货运代理经验，只是要价比较高，而零星集装箱安排落实车皮和船舱存在困难，你认为该公司采取以下什么措施比较妥当？

（1）自己购买若干辆集装箱卡车然后组织运输；

（2）设法请铁路部门安排运输但心中无底；

（3）水路最短路程，请航运公司来解决运输；

（4）联运公司虽无集卡，但可叫其租车完成此项运输；

（5）没有合适运输工具，推掉该项业务。

3. 我国运输长期以来缺乏面向综合效率和效益的协调管理，按照运输方式进行分部门管理。水运和公路运输由交通部管理，民航由民航总局管理，铁路由铁道部管理。这种管理模式有其优点，但同时也产生了多头管理和缺乏统一管理的问题。导致各个运输部门都有本系统详细的近期和长期发展战略，但各种运输方式之间的衔接和协调却较差。与此同时，运输需求的明显增长、用户多品种小批量、多频度的运输要求以及“门到门”的运输要求使得联合运输的需求大增。

请问：

（1）我国各种运输方式之间缺乏协调的现状会产生哪些不利后果？

（2）这些不利后果应如何解决？

单元1
货物运输概述

单元2
公路货物运输

单元3
铁路货物运输

单元4
航空货物运输

单元5
水路货物运输

单元6
多式联运

单元7
货物运输单证和风险管理

单元2　公路货物运输

本单元学习目标

1. 了解公路货物运输的特点及运营方式
2. 了解公路货物运输市场和货运电子交易
3. 熟悉公路货物运输的发运过程及成本
4. 掌握托运人委托公路货物运输的方法
5. 掌握公路货物运输的委托流程

一、判断题（本类题型所包含的每道小题都只有正确或错误的一种答案，你认为正确的请在答题卡对应的题号上涂 A，错误的涂 B。）

1. 公路货物运输是主要使用汽车，包括其他车辆（如人力车、畜力车）在公路上进行货物运输的一种方式。公路货物运输以汽车为主要运输工具，具有机动灵活，迅速方便的特征。（　　）

2. 公路货物运输是联系点与点之间的主要运输方式，但不是面上的运输方式。（　　）

3. 公路货物运输时间机动性比较大，车辆可随时调度、装运，各环节衔接时间较短。（　　）

4. 运输作业中，既可以由单个车辆独立运输，也可以由若干车辆组成车队同时运输。这一点对抢险、救灾工作和军事运输具有特别重要的意义。（　　）

5. 据有关统计资料表明，在各种现代运输方式中，公路的平均运距是最短的，运行持续性较强。（　　）

6. 我国的部分整车货物和大部分公路零担货物都是经过货运代理企业之间的互相委托交给个体承运人来完成，基本可以满足“门到门”的运输需要。（　　）

7. 公路货运代理的服务方式大体上有两种：非专线服务与专线服务。（　　）

8. 目前我国公路货运代理市场很大，呈现出完全竞争的市场特点，长期处于高级代理运作阶段。（　　）

9. 公路货运代理企业之间一般具有互相委托的机能。（　　）

10. 通常所说的“一手揽货，一手找车”是指公路货运代理的服务方式中的非专线服务。（　　）

11. 经营专线的公路货运代理对于非自己专线的货源也会接受委托，但有时也会将相关业务有偿让与他人。（　　）

12. 专线货运代理与非专线货运代理都接受零担和整车的货运委托，都自行揽货承运，一般情况下，专线服务货运代理不接受非专线服务货运代理的运输委托。（　　）

13. 对于自己专线的延长线运输，专线服务货运代理会将到达自己目的地的货物再委托给当地的公路货运代理，由其继续承运至该票货物的最终目的地。(　　)

14. 普通货物是公路运输货物中的大多数，对车型要求不高，是经营者竞争的主要货源。(　　)

15. 在运输过程中需经过分拣拼装作业才能完成货物送达收货人的运输组织方式是整车发运。(　　)

16. 公路货运的发运方式有两种，一种是零担发运，另一种是整车发运。(　　)

17. 在接货承运直到送达收货人的整个运送过程中，货物不需经过分拣拼装的运输组织方式是零担发运。(　　)

18. 零担运输省却或简化了货场的装卸分拣作业，货物由托运人起运可直接快速交到收货人手中。(　　)

19. 当运送的货物批量小，直达运输不经济或者限于道路通行条件（包括交通管制）等原因，为了达到快捷、经济运送的目的的情况下，往往选择零担运输。(　　)

20. 甩挂运输是世界公认、广泛采用的先进运输组织方式，是提高运输和物流效率的有效手段，对节能减排、建设资源节约型、环境友好型社会意义重大。(　　)

21. 载货汽车车厢可以载客。(　　)

22. 公路货运装载要点中关于货物高度规定有：重型、中型货车和半挂车载物，从地面起不超过 5 米。(　　)

23. 公路货运装载要点中关于货物高度规定有：载运集装箱的车辆不超过 4 米。(　　)

24. 公路货运装载要点中关于货物高度规定有：除了重型、中型货车、半挂车与集装箱以外的其他货车载物时，从地面起不超过 2. 5 米。(　　)

25. 在城市道路上，货运机动车在留有安全位置的情况下，车厢内可以附载临时作业人员 1 ~5 人。但是当载物高度超过车厢栏板时，货物上不得载人。(　　)

26. 对于公路货运来说，积载因数达到每吨不大于 3 立方米的货物称为重货，应该按照计费重量计算其运费。(　　)

27. 对于公路货运来说，积载因数达到每吨不小于 3 立方米的货物称为轻货，应该按照实际重量计算其运费。(　　)

28. 通常按照计算运费中结果较小者计费，也称为“运费吨”，即实行“择小计收”的惯例计费原则。(　　)

29. 如果按月出财务报表的话，运输公司的成本是整个车队的月固定成本、月可变成本和月其他成本之和。(　　)

30. 国内目前通用的方法是以某段距离的吨价作为费率计算。(　　)

31. 货运电子交易指的是当事人在一个虚拟的信息化、网络化物流信息平台上进行货运交易的方式。(　　)

32. 货运电子交易最大的优势就是交易信息集中，方便交易和竞争，利于整合市场，可降低车辆空驶率，当事人可以远程操作，运费的透明度高，成交速度快，有利于提高货运服务质量。(　　)

33. 一辆车货总长 10 米的运输车在公路上行驶时属于超限运输。(　　)

34. 一辆车货总宽度为 3 米的运输车在公路上行驶时属于超限运输。(　　)

35. 一辆总质量为 40000 千克的集装箱半挂列车在公路上行驶时属于超限运输。(　　)

36. 三联轴（每侧双轮胎）载质量 12000 千克的运输车在公路上行驶属于超限运输。(　　)

37. 跨省（自治区、直辖市）行政区域进行超限运输的，要向途经公路沿线省级公路管理机构分别申请，必要时可转报国务院交通主管部门统一进行协调。(　　)

38. 在进行超限运输时，承运人需要向有关部门提交书面申请，货物名称、重量、外廓尺寸及必要的总体轮廓图，运输车辆的厂牌型号、自载质量、轴载质量、轴距、轮数、轮胎单位压力、载货时总的外廓尺寸等有关资料，但是无须提交车辆行驶证。(　　)

39. 承运人必须持有效《通行证》，并悬挂明显标志，按公路管理机构核定的时间、路线和时速行驶；而且超限运输车辆的型号及运载的物品必须与签发的《通行证》所要求的规格保持一致。(　　)

40. 四级公路、等外公路和技术状况低于三类的桥梁，不得进行超限运输。(　　)

41. 超限运输车辆通过桥梁时，时速不得超过 10 千米，且应匀速居中行驶，严禁在桥上制动或变速。(　　)

42. 一张运单托运的货物可以属不同的托运人，对拼装分卸的货物应将每一拼装或分卸情况在运单记事栏内注明。(　　)

43. 易腐、易碎、易溢漏的液体和危险品同普通货物可以用同一张运单托运。(　　)

44. 按体积折算重量的货物，要准确填写货物的数量、体积、折算标准、折算重量及其相关数据。(　　)

45. 托运集装箱应注明箱号和铅封号；集装箱运输的贵重、易碎、怕湿等货物，每张运

单至少2箱。(　　)

46. 承运人在货物起运前后都可要求变更运输货物的名称、数量、起讫地点、运输时间、收发货人。(　　)

47. 货物起运后仅在可能条件下要求变更到达地点、收货人或者运输货物的数量。(　　)

48. 货物起运前，可办理取消托运业务；货物起运后，则不办理取消托运业务。(　　)

49. 因变更、取消运输而发生的费用，应当由双方共同负担。(　　)

50. 承托双方对包装货物应核对交件：对散装货物原则上要磅交磅收；对“门到门”重箱、集装箱及其他施封的货物要凭铅封交接。(　　)

51. 如发现货损货差，双方交接人员做好记录并签字确认，经双方共同查明情况、分清责任，由收货人在运费凭证上批注清楚；收货人可以因货损、货差拒绝收货。(　　)

52. 承运人对自领货通知次日起超过30天无人领取的货物，可以建立台账，及时登记，妥善保管，在保管期间不得动用，并认真查找物主。(　　)

53. 承托双方对货物逾期到达、车辆延滞、装货落空都有责任时，按各自责任所造成的损失相互抵除后，赔付差额。(　　)

54. 一般由托运人询价，公路货运代理会根据自己预测的市场价格报价。(　　)

55. 零担货物的包装必须符合国家和交通运输部门的规定和要求，对不符合包装标准和要求的货物，应由承运人负责改善包装。(　　)

56. 一旦不能满足整车货量，货运代理会把相同目的地的货集中起来运输，所以公路零担的运输发车时间可能不准。(　　)

57. 托运时，托运人无须在每件货物两端都分别拴贴统一规定注有运输号码的货物标签。(　　)

58. 抵达目的地后，起运地的公路货运代理会安排目的地货运代理接货，然后通知收货人取货，或者安排送货，送货一般不收取送货费用。(　　)

59. 托运政府法令禁运、限运以及需要办理公安、卫生检疫或其他准运的零担货物，托运人应同时提交有关证明文件。(　　)

60. 对于整车货，双方要签订运输合同。对于发货人送来的整车货，货运代理安排装车，也可以指示司机直接去发货人指定地点装车，距离远一些的要加收一部分费用。(　　)

二、单选题（本类题型所包括的每道小题只有一个正确答案，请在给出的选项中选出正确答案。）

1. 公路运输对货运量的多少具有很强的适应性。汽车的载重吨位可以从0.25吨到300吨，特种车辆的承载能力还要高。运输作业中，既可以由单个车辆独立运输，也可以由若干车辆组成车队同时运输。这主要体现了公路运输的（　　）。

A. 运送速度较快的特点　　B. 运行持续性较强的特点

C. 实现“门到门”直达货物运输的特点　　D. 机动灵活，适应性强的特点

2. 以下各项属于其他运输方式无法与公路货物运输相比拟的特点的是（　　）。

A. 可实现“门到门”直达货物运输　　B. 运送速度较快

C. 原始投资少　　D. 运量较大

3. 在接货承运直到送达收货人的整个运送过程中，货物不需经过分拣拼装的运输组织方式是（　　）。

A. 甩挂运输　　B. 零担发运　　C. 整车发运　　D. 可变换集装箱运输

4. 在运输过程中需经过分拣拼装作业才能完成货物送达收货人的运输组织方式是（　　）。

A. 甩挂运输　　B. 零担发运　　C. 整车发运　　D. 可变换集装箱运输

5. 世界公认、广泛采用的先进运输组织方式，提高运输和物流效率的有效手段的运输方式是（　　）。

A. 甩挂运输　　B. 零担发运　　C. 整车发运　　D. 可变换集装箱运输

6. 中国现有载货汽车保有量为920万辆，如果全面实行甩挂运输，企业基本可减少的牵引车购置成本或租赁费用是（　　）。

A. 40%以上　　B. 50%以上　　C. 70%以上　　D. 90%以上

7. 公路货运装载要点中关于货物高度规定有：重型、中型货车和半挂车载物，从地面起不超过（　　）。

A. 4米　　B. 5米　　C. 3米　　D. 4.2米

8. 公路货运装载要点中关于货物高度规定有：载运集装箱的车辆不超过（　　）。

A. 4米　　B. 5米　　C. 3米　　D. 4.2米

9. 公路货运装载要点中关于货物高度规定有：除了重型、中型货车、半挂车与集装箱以

外的其他货车载物时，从地面起不超过（　　）。

A. 4 米　　B. 2. 5 米　　C. 3 米　　D. 4. 2 米

10. 对于公路货运来说，重货的积载因数达到每吨不大于（　　）。

A. 4 立方米　　B. 2. 5 立方米　　C. 4. 2 立方米　　D. 3 立方米

11. 对于公路货运来说，轻货的积载因数达到每吨（　　）。

A. 不大于 3 立方米　　B. 大于 3 立方米　　C. 小于 3 立方米　　D. 不小于 3 立方米

12. 货运电子交易过程中，需要委托人发布的信息有（　　）。

A. 车型　　B. 货物数量　　C. 载货量　　D. 车号

13. 货运电子交易过程中，需要承运人发布的信息有（　　）。

A. 货物名称　　B. 货物数量　　C. 起运地和目的地　　D. 载货量

14. 车辆行驶在公路上时，超限运输车辆轴载质量为（　　）。

A. 单轴（每侧单轮胎）载质量 5000 千克

B. 单轴（每侧双轮胎）载质量 8000 千克

C. 双联轴（每侧单轮胎）载质量 8000 千克

D. 三联轴（每侧单轮胎）载质量 15000 千克

15. 承托双方彼此间要求赔偿的时效，从签注货运事故记录次日起不超过 180 天，逾期无效；责任方处理完毕的时间应在收到要求赔偿书的次日起（　　）。

A. 90 天　　B. 30 天　　C. 60 天　　D. 180 天

16. 承运人委托第三者组织装卸，因装卸原因造成货物损失，其责任人是（　　）。

A. 委托人　　B. 承运人　　C. 装卸人　　D. 代理人

17. 在公路运输中，最广泛适用的一种运价（　　）。

A. 成组货物运价　　B. 特殊货物运价　　C. 起码运费　　D. 普通货物运价

18. 公路运输对货运量的多少具有很强的适应性。汽车的载重吨位为（　　）。

A. 0. 25 ~ 300 吨　　B. 5 ~ 300 吨　　C. 5 ~ 100 吨　　D. 0. 25 ~ 100 吨

19. 具有所需固定设施简单，车辆购置费用比较低，投资兴办容易，投资回收期短等特点的运输方式是（　　）。

A. 铁路运输　　B. 公路运输　　C. 航空运输　　D. 水路运输

20. 五种运输方式中运输成本最高的运输方式为（　　）。

A. 铁路运输　　B. 公路运输　　C. 航空运输　　D. 管道运输

21. 五种运输方式中平均运距最短，运行持续性较差的是（　　）。

A. 铁路运输　　B. 水路运输　　C. 航空运输　　D. 公路运输

22. 公路货运代理的服务方式大体上有两种——非专线服务与（　　）。

A. 专线服务　　B. 综合服务　　C. 其他服务　　D. 统一服务

23. 一般拥有固定的路线、自有或挂靠的车辆，需进行运输作业管理的货运代理是（　　）。

A. 非专线货运代理　　B. 专线货运代理　　C. 综合货运代理　　D. 普通货运代理

24. 非专线货运代理与专线货运代理的共同点是（　　）。

A. 进行运输作业管理　　B. 拥有自有或挂靠的车辆

C. 拥有固定的路线　　D. 接受零担和整车的货运委托

25. 公路运输货物中的大多数，对车型要求不高，是经营者竞争的主要货源是（　　）。

A. 普通货　　B. 鲜活品　　C. 冷冻货　　D. 危险品

26. 欧美和日本等发达国家和地区的主流运输方式是（　　）。

A. 零担运输　　B. 整车运输　　C. 甩挂运输　　D. 集装箱运输

27. 对于公路货运来说，积载因数达到每吨不大于 3 立方米的货物称为（　　）。

A. 轻货　　B. 重货　　C. 泡货　　D. 抛货

28. 某货物的实际重量为 200 千克，体积为 0.2 立方米，运输费用是（　　）。

A. 200 千克　　B. 100 千克　　C. 40 千克　　D. 1000 千克

29. 某货物的实际重量为 200 千克，体积为 0.9 立方米，运输费用是（　　）。

A. 200 千克　　B. 100 千克　　C. 300 千克　　D. 180 千克

30. 传统公路货物运输的运费费率以吨/千米计，加上承运人的其他支出，形成（　　）。

A. 运输总运费　　B. 运价　　C. 单位运价　　D. 运输总费率

31. 公路运输中对庞大、沉重而又不可分割的整体货物的运输是（　　）。

A. 公路超限运输　　B. 公路大件运输　　C. 公路整车运输　　D. 公路零担运输

32. 不得进行超限运输时，四级公路、等外公路和技术状况低于（　　）。

A. 二类的桥梁　　B. 四类的桥梁　　C. 三类的桥梁　　D. 一类的桥梁

33. 货运事故的赔偿办理中规定，不得用扣留货物或拒付运费来充抵，赔偿金在明确责任后的赔付时间是（　　）。

A. 10 天　　B. 15 天　　C. 20 天　　D. 30 天

34. 承运人委托第三者组织装卸，因装卸原因造成货物损失，由装卸人员负责赔偿，但（　　）。

A. 承运人应先向托运人赔偿，再向装卸人追索

B. 承运人应先向装卸人赔偿，再向托运人追索

C. 托运人应先向承运人赔偿，再向装卸人追索

D. 托运人应先向装卸人赔偿，再向承运人追索

35. 载货汽车车厢不得载客。在城市道路上，货运机动车在留有安全位置的情况下，车厢内可以附载临时作业人员（　　）。

A. 1～10 人　　B. 5～10 人　　C. 1～5 人　　D. 3～5 人

36. 托运时，托运人应在每件货物两端分别拴贴统一规定注有运输号码的货物标签。需要装卸、堆码、储存的货物，应在货物明显处加贴储运指示标志，并在运单（　　）。

A. “特约事项栏”内注明　　B. “注意事项栏”内注明

C. “特定事项栏”内注明　　D. “一般事项栏”内注明

37. 运费计算惯例原则（　　）。

A. “择大计收”　　B. “择中计收”　　C. “择小计收”　　D. 不一定

38. 目前，货运电子交易方式在我国还处于（　　）。

A. 成熟阶段　　B. 成长阶段　　C. 初级阶段　　D. 高级阶段

三、多选题（本题型所包含的每道小题都有不止一个正确答案，请选出你认为正确的答案，错选和多选者本小题不得分，少选但选项正确的可得到相应的分数。）

1. 以下属于公路运输特点的为（　　　）。

A. 可实现“门到门”的运输　　B. 机动灵活，适应性强　　C. 安全性较低

D. 运量较大　　E. 在中、长途运输中，运送速度较快

2. 公路运输的缺点有（　　　）。

A. 运量较小　　B. 运行持续性较差　　C. 运输成本较高

D. 安全性较低　　E. 污染环境

3. 公路货运代理的揽货方式主要有（　　　）。

A. 托运人上门委托　　B. 与其他货运代理联合揽货　　C. 他人介绍

D. 接受非专线货运代理委托　　E. 自行寻找潜在的托运人

4. 我国公路货运代理一般规模较小，大多可为客户提供的初级公路货物运输代理服务的特点（　　）。

A. 不定期　　B. 不定量　　C. 不定品种　　D. 定路线　　E. 不定路线

5. 与非专线货运代理不同的是专线货运代理有（　　）。

A. 核心竞争力　　B. 接受零担的货运委托　　C. 接受整车的货运委托

D. 固定的路线　　E. 拥有自有或挂靠的车辆

6. 公路货物的类型主要有（　　）。

A. 普通货　　B. 长大笨重货　　C. 冷冻货　　D. 危险品　　E. 鲜活品

7. 以下各项中属于集装箱运输的特点是（　　）。

A. 海铁陆空多式联运　　B. 环境污染少　　C. 安全性高

D. 国际标准统一　　E. 周转快

8. 以下选项中属于公路货运装载要点的是（　　）。

A. 装载的物品不得遗洒、飘散　　B. 货物质量不超过车辆核定的装载质量

C. 货物的长度和宽度不可以超出车厢　　D. 载货汽车车厢可以适当载客

E. 国家相关部门的其他规定

9. 下列货物属于重货的有（　　）。

A. 钢板　　B. 打成包的棉花　　C. 洗衣机　　D. 某些塑料制品　　E. 电冰箱

10. 下列货物属于轻货的是（　　）。

A. 钢板　　B. 打成包的棉花　　C. 洗衣机　　D. 某些塑料制品　　E. 电冰箱

11. 如果按月出财务报表的话，运输公司的成本应该是整个车队的（　　）。

A. 月固定成本　　B. 月可变成本　　C. 月其他成本

D. 月管理费用　　E. 月财务费用

12. 货运电子交易过程中，需要委托人发布的信息有（　　）。

A. 车型　　B. 货物数量　　C. 载货量　　D. 货物包装　　E. 货物名称

13. 货运电子交易过程中，需要承运人发布的信息有（　　）。

A. 车型　　B. 货物数量　　C. 载货量　　D. 货物包装　　E. 货物名称

14. 属于货运电子交易的优势的是（　　）。

A. 交易信息集中　　B. 利于整合市场　　C. 可降低车辆空驶率

D. 成交速度快　　　　　　　　E. 有利于提高货运服务质量

15. 下列情形中的运输车辆在公路上行驶，属于超限运输的是（　　　　）。

A. 车货总高度从地面算起 4 米以上　　B. 集装箱车货总高度从地面算起 4.2 米以上

C. 车货总长 18 米以上　　　　　　　D. 车货总宽度 3 米以上

E. 单车、半挂列车、全挂列车车货总质量 40000 千克以上

16. 在进行超限运输时，承运人需要向有关部门提出书面申请，并提交一些证件和资料包括（　　　　）。

A. 驾驶员驾驶证　　　　　　B. 运输车辆的轴载质量、轴距

C. 运输车辆的厂牌型号　　　D. 货物名称、重量、外廓尺寸

E. 车辆行驶证

17. 一张托运单托运的件货，应提交物品清单，是因为不具备（　　　　）。

A. 同品名　　B. 同规格　　C. 同包装　　D. 同种类　　E. 同性质

18. 按体积折算重量的货物，要准确填写货物的（　　　　）。

A. 数量　　B. 折算标准　　C. 折算重量　　D. 体积　　E. 密度

19. 货物起运后仅在可能条件下要求变更（　　　　）。

A. 货物的名称　　B. 收货人　　C. 到达地　　D. 运输时间　　E. 货物的数量

20. 其包装必须严格遵守双方协议的规定的货物是（　　　　）。

A. 易污染货物　　B. 易腐烂货物　　C. 易破损货物　　D. 普通货物　　E. 鲜活物品

21. 公路货运代理的服务方式有（　　　　）。

A. 专线服务　　B. 直接代理　　C. 非专线服务　　D. 委托代理　　E. 综合代理

22. 公路货物运输工具有（　　　　）。

A. 载货汽车　　B. 人力车　　C. 畜力车　　D. 载重汽车　　E. 车皮

23. 非专线货运代理与专线货运代理的共同点是（　　　　）。

A. 进行运输作业管理　　B. 拥有自有或挂靠的车辆　　C. 拥有固定的路线

D. 接受零担的货运委托　　E. 接受整车的货运委托

24. 甩挂运输在我国沿海港口城市和部分内地城市已经在使用，特别是在集装箱运输方面。牵引车的运输作业与集装箱挂车的卸货作业同时进行，可以达到（　　　　）。

A. 提高效率　　B. 节约时间　　C. 提高运输能力

D. 降低成本　　E. 低碳环保

25. 积载因数达到每吨不小于 3 立方米的货物则称为（　　　　）。

A. 轻货　　B. 重货　　C. 泡货　　D. 抛货　　E. 轻泡货

26. 轻货也叫（　　　　）。

A. 泡货　　B. 抛货　　C. 一般货物　　D. 轻泡货　　E. 特殊货物

27. 下列车辆轴载质量的规定值中属于超限运输车辆类型的有（　　　　）。

A. 单轴（每侧单轮胎）载质量 5000 千克的运输车

B. 单轴（每侧双轮胎）载质量 8000 千克的运输车

C. 双联轴（每侧单轮胎）载质量 12000 千克的运输车

D. 三联轴（每侧单轮胎）载质量 15000 千克的运输车

E. 三联轴（每侧单轮胎）载质量 11000 千克的运输车

28. 可以进行超限运输的公路有（　　　　）。

A. 高速公路　　B. 四级公路　　C. 三级公路　　D. 二级公路　　E. 一级公路

29. 下列关于货物运输变更、取消的手续的说法正确的有（　　　　）。

A. 货物起运前，可办理取消托运业务；货物起运后，也可以办理取消托运业务

B. 承运人在货物起运前可要求变更运输货物的名称、数量、起讫地点、运输时间、收发货人

C. 货物起运后仅在可能条件下要求变更到达地或收货人

D. 承托双方的任何一方都不得擅自变更、取消运输，如确有特殊原因需变更、取消运输，须经双方同意变更

E. 运输变更、取消涉及国家指令性计划的，在达成变更、取消的协议前，应上报下达计划的主管部门核准

30. 下列关于货运事故的赔偿正确的是（　　　　）。

A. 受损方要求赔偿时，应提出要求赔偿书，并附货物运单、货物事故记录和有关证明文件，保价运输物品还应该附声明价格的物品清单，要求退还运费的还应附运杂费收据

B. 货物损失赔偿费包括货物价格、运费和其他杂费，全部灭失（含报废，下同）全部赔偿

C. 承运人委托第三者组织装卸，因装卸原因造成货物损失，由装卸人负责赔偿；但承运人应先向托运人赔偿，再向装卸人追索

D. 赔偿金在明确责任后 30 天内赔付，不得用扣留货物或拒付运费来充抵

E. 丢失货物赔偿后货物又被查回，应送还原主，收回赔偿金或实物；原主已不愿接受失物或无法找到原主的，由承运人自行处理

四、情景问答题（请简要回答下面的问题）

1. 假定你是一家物流公司的运输管理人员，你的客户向你咨询以下运输问题，你需要从客户的利益出发，考虑使用运输方式的优缺点和适用范围，为客户选择合理运输（联运）方式，并阐述理由。

（1）从北京到利比亚，50 千克的发电厂急需零件；

（2）从青岛到美国各主要城市，出口 1500 台海尔牌电冰箱；

（3）从杭州某食用油工厂到乌鲁木齐，500 箱食用油；

（4）某牛奶工厂在方圆 30 千米内收购牛奶，然后将生产好的牛奶运送到本市各个超市。

2. 某企业每月需要货物 120 吨，单价为每吨 5000 元。有两种可行的运输方案：第一种是公路运输，采用 30 吨的载重卡车，每月需运输 4 次，每次运费为 1000 元；第二种是水路运输，采用 120 吨的内河船舶，每月只需运输 1 次，每次运费为 1200 元。上述运费均含装卸费。此外，每月库存持有费用（含仓储费和资金占用成本等为货物单价的 2%），并假设没有安全库存。假如你是该企业运输部门的调度员，你会选择哪种方案？为什么？

3. 我国在改革开放以来先后制定了一系列的运输法律法规和政策，如《铁路法》《航空法》《中国技术政策》等，这些法律法规、政策的制定为我国运输行业的合理化和正规化发展提供了法律和政策保障，同时，运输业的合理化发展又为我国物流业的发展提供了重要的保障。请你举出几个解决运输合理化的措施。

4. 现在哈尔滨 A 实业有限公司有一批货物要从哈尔滨运往长春市，途中经过松原市。已知，哈尔滨距松原市 400 千米，计划采用铁路运输方式，运费为 30 元/千米。松原距长春 150 千米，采用公路运输方式，100 千米以内的运费为 80 元/千米，超过 100 千米的部分按 60 元/千米收取运费。甲是 A 公司运输部门的工作人员，请你帮他计算一下这批货物从哈尔滨运到长春所需的总费用为多少？

5. 台州 B 食品加工企业需要将一批货物运送到长春市 C 连锁超市。考虑到距离遥远，自营运输成本过高，于是 B 企业决定与 D 物流公司签订运输合同，将该运输业务外包给它。

请问：

（1）运输作业中涉及的当事人包括哪些？

（2）上述业务中的 B 企业、C 超市与 D 企业分别属于“（1）”当事人中哪一类，他们在该运输业务中分别起到什么作用？

6. 小张是 E 物流公司的实习生，他希望通过 1 个月的实习能够熟悉基本的运输操作过程。现在，公司刚刚接收委托，需要将一大批生鲜食品运往 F 加工企业。小李是小张在 E 公司的上司，现在小李想通过实践操作具体地将运输操作过程展示给小张。假如，你是小李，你会如何介绍具体的运输操作过程？

五、论述题

1. 结合公路运输的特点谈一谈，为什么托运人在委托国内运输时，往往将公路货物运输作为首选方式？

2. 简述公路货运委托流程和作业内容（采用流程图的形式）。

3. 简述国内公路货物运输代理提供的专线和非专线运输服务有何不同？

六、案例题

1. 甲公司与乙保险公司签订货物运输预约保险协议，为其全年生产的产品在运输过程中的风险向乙保险公司投保国内公路货物运输保险。甲公司的货运业务由丙运输公司承运。丙运输公司与丁保险公司签订货物运输保险协议，向丁保险公司为其承运业务投保国内公路货物运输保险（甲公司货运业务仅是丙公司总体货运业务的一部分）。

丙公司在承运甲公司的一批货物过程中发生了保险事故，丙公司被有关机关认定对事故负全部责任。甲公司通知乙保险公司发生货损，丙公司向丁保险公司报案。丁保险公司得知就该批出险货物托运人已经向乙保险公司投保货运险后，向乙保险公司主张按照重复保险共同分摊损失。

根据案例回答：

（1）该案例投保行为是否属于重复保险？

（2）该案例应该如何理赔？

2. A 公司是广州市的一家货运代理公司，B 公司是深圳市的一家进口公司，C 公司是湖南省的一家工业公司。C 公司于 2009 年 6 月 25 日持 B 公司给 A 公司的介绍信办理 13 吨化工原料进口的代理手续，并随函附有按 CIF 条件进口合同副本一份，在合同副本上有 B 公司业务员手书，注明了收货人的名称、地址、电话、联系人及用卡车运至湖南某市之字样。事隔 3

个月后，货物从国外运抵广州，于是A公司向C公司发出“进口到货通知书”，在通知书的注意事项第5条内注明：“货运内地加批加保由货运代理统一办理”A公司在办好进口报关、纳税等事项后，以自己的名义委托广州一家具有合法营运的汽运公司（以下称承运人）将货物运往湖南某市。不料货物在运输途中驾驶员违章操作，与另一卡车相撞，造成车货俱毁。事后C公司向A公司索赔。

试分析此事A公司有无责任。

单元1 货物运输概述 | 单元2 公路货物运输 | 单元3 铁路货物运输 | 单元4 航空货物运输

单元5 水路货物运输 | 单元6 多式联运 | 单元7 货物运输单证和风险管理

单元3　铁路货物运输

本单元学习目标

1. 了解铁路货物运输的概念及其特性
2. 掌握铁路货物发运形式
3. 了解铁路货运代理的经营方式
4. 掌握铁路货物托运操作流程
5. 了解铁路货物运输的费用构成
6. 了解《国际贸易术语解释通则 2000》中相关条款与铁路货物运输的关系

一、**判断题**（本类题型所包含的每道小题都只有正确或错误的一种答案，你认为正确的请在答题卡对应的题号上涂 A，错误的涂 B。）

1. 铁路货物运输是使用铁路列车运送货物的一种运输方式，主要承担长距离、大宗货物运输。（　　）

2. 铁路货物运输的优点是运费有弹性。（　　）

3. 铁路货物运输的局限是受天气的影响。（　　）

4. 铁路货物运输的技术经济特点包括舒适度高。（　　）

5. 铁路货物装运形式只包括整车运输和零担运输。（　　）

6. 一批货物的重量、体积或形状需要以一辆 20 吨及以上货车装运的，应按整车运输办理。（　　）

7. 需要保温运输的货物、密封、不易计算件数的货物、规定应按整车办理的危险货物、易于污染其他货物的污秽品、未装容器的活动物、必须用罐车装运的液体货物都必须按整车办理。（　　）

8. 一批货物的重量、体积不够整车运输条件的，或不必按整车办理的货物，可按零担运输办理。（　　）

9. 使用集装箱的货物每批必须是同一吨位的集装箱，至少一箱，最多可以超过铁路一辆货车所能装运的箱数。（　　）

10. 中转整零车即装有需经中转站中转的货物，包括一站中转整零车和同一最短路径上两个或三个到站的中转整零车。（　　）

11. 除危险货物、鲜活货物和能损坏、污染集装箱箱体的货物以外的货物，均可使用通用集装箱运输。（　　）

12. 按保价运输的货物与不按保价运输的货物可以按一批托运。（　　）

13. 运输条件不同的货物不得按一批托运。（　　）

14. 驮背运输是一种公路和铁路联合运输方式，货运汽车或集装箱直接开上火车车板，

到达目的地再从车板上开下。( )

15. “五定”班列包括定点、定线、定车次、定时间和定价。( )

16. “五定”班列中的定价是指运输单价固定。( )

17. 铁路快件托运的限定条件包括每批不能超过 200 件。( )

18. 铁路运输的货物按货物的性质，可分为普通货物和特殊条件货物。( )

19. 普通货物是指在运输过程中按一般运送条件办理的货物，如煤、矿石、粮食、棉布等。( )

20. 特殊条件货物可分为危险货物、鲜活货物和超限货物。( )

21. 易燃、易爆、有腐蚀性、有毒、有放射性及易分解放氧等的货物，在运输过程中可能引起人身伤亡、或使货物发生损毁，均属危险货物。( )

22. 一件货物装车后，在直线上停留时，货物的高度和宽度有任何部位超出机车车辆限界或特定区段装载限界的，或行经半径为 200 米的曲线时，货物任何部位的计算宽度超限时，称为超限货物。( )

23. 一件货物的长度超过所装普通平车的长度，需要使用游车或跨装而不超限的，称为超长货物。( )

24. 选择铁路货运代理没必要选择那些信誉度及知名度较高的铁路货运代理公司。( )

25. 铁路货运代理公司的资质、批准证书、注册资金和规模是必备的硬性条件。( )

26. 集装箱货物装箱交付有两种方式：产地装箱和箱站装箱。( )

27. 箱站装箱即根据托运人要求，车站或者货运代理安排空箱到其指定地点装箱。( )

28. 收货人有两种方式选择提货：一是在车站货场掏箱，然后安排运输；二是将集装箱提走，到收货人指定地点进行掏箱作业。( )

29. 铁路货物运输流程由货物发送作业和货物到达作业构成。( )

30. 铁路货物运输费用根据《铁路货物运价规则》（简称《价规》）核收。( )

31. 铁路普通货物计费原则包括整车货物的重量以吨为单位计价，吨以下四舍五入；零担货物以 1 千克为单位，不足 1 千克按照 1 千克计算；集装箱货物以箱为单位。( )

32. 铁路营业线的货物运输，除军事运输、水陆联运、国际铁路联运、过境运输及其他另有规定者外，均按《价规》计算货物的运输费用。( )

33. 货物到达作业又称货物在到站的货运作业，包括收货人向作为承运人的到站查询、缴费、领货、接受货物运单，与到站共同完成交付手续；到站作向收货人发出货物催领通知，接受到货查询、收费、交货、交单，与收货人共同完成交付手续。(　　)

34. 铁路普通货物计费原则包括运价里程根据《货物运价里程表》按照发站至到站间国家铁路正式营业线最短经路计算，但《货物运价里程表》内或铁道部规定有计费经路的，按规定的计费经路计算运价里程。(　　)

35. 铁路集装箱运输计费原则包括自备集装箱空箱运价率按其适用重箱运价率的60%计算。(　　)

36. 承运人利用自备集装箱回空捎运货物，在货物运单铁路记载事项栏内注明，收回空运费。(　　)

37. 铁路集装箱按箱型分：1 吨箱、5 吨箱、6 吨箱、10 吨箱、20 英尺箱、40 英尺箱。(　　)

38. 铁路集装箱箱型20英尺以上（含20英尺）的称为大型集装箱。(　　)

39. 运输超限货物时，一级超限货物：按运价率加60%；二级超限货物：按运价率加100%。(　　)

40. 运输超限货物时，超级超限货物按运价率加200%。(　　)

41. 货物快运费，按《货物运价率表》规定的该批货物运价率的30%计算核收。(　　)

42. 计算专用线取送车费的里程应自车站中心线起算，到交接地点或专用线最长线路终端止，里程往返合计、取车另收费。(　　)

43. 铁路货物运输计划按其编制期限分为长远计划、年度计划和月度计划。(　　)

44. 铁路货物运输的长远计划是较长时期的运量规划，通常为5年或10年，它根据国民经济发展的远景来核定。(　　)

45. 所谓变更运输计划，是指货运计划已经批准，但货主需要临时变更收货人、到站和货物品名。(　　)

46. 国际贸易合同中使用FCA、CPT、CIP、DAF、DDU和DDP条款时，运输方式可以是铁路货物运输。其中，DDU仅适用于铁路运输，指当卖方在边境的指定地点和具体交货点，在毗邻国家海关边界前，将仍处于交货的运输工具上尚未卸下的货物交给买方处置，办妥货物出口清关手续但尚未办理进口清关手续时，即完成交货。(　　)

47. 运输计划变更的新到站应和原到站顺路，不超出原到达局范围，不增加限制区段

运量；变更的货物品名应是原单位经营的物资，并在同一品类范围内；到站原则上不得变更。(　　)

48. 发生运输计划变更时，托运单位要按规定提出《变更运输计划要求书》，运输计划能变更多次，日常要车计划不办理变更。(　　)

49. 日要车计划是在旬间装车计划的基础上，根据发货单位提出的货物运单，由车站用《货运工作日况报告表》汇总向铁路局提报的次日装车计划，经铁路局核减确认，于当日向车站下达次日请求装车命令（承认车），作为车站次日组织装车的依据。(　　)

50. 编制旬间装车计划的主要依据是批准的货运计划和日常计划，其内容有日历装车计划、货物品类、去向装车计划，通过指定限制口发往主要钢厂、港口、国境站和主要卸车站的旬间装车计划，直达列车和成组装车计划等，并于每旬前两天下达到车站，车站立即通知发货单位，以便托运人提出下旬日要车计划。(　　)

51. 托运人可根据自己的运输要求，随时向铁路计算机联网点提报任何时限的要车申请。(　　)

52. 运输超限货物时，需要限速运行（不包括仅通过桥梁、隧道、出入站线限速运行）的货物，按运价率加200%计费。(　　)

53. 年度计划直接反映计划年度国民经济计划中铁路应完成的运输任务，包括当年的货物发送量、货物流向、货物平均运程、货物周转量和货运密度等经济指标，作为列车编组计划、列车运行图和分配各铁路局货物运输任务的依据。(　　)

54. 集装箱以箱为单位，其运费按照使用的箱数和《铁路货物运价率表》中规定的集装箱运价率计算，但危险货物集装箱、罐式集装箱、其他铁路专用集装箱的运价率，按该表的规定分别加30%、30%、20%计算。(　　)

55. 铁路的运价里程包括专用线、货物支线的里程。(　　)

56. 火车通过轮渡时，应将规定的轮渡里程加入运价里程内计算。水陆联运的货物，应将换装站至码头线的里程，加入运价里程内计算。(　　)

57. 运输途中作业包括重车运行及途中货物常规交接与检查、特殊作业及异常情况的处理等。(　　)

58. 运输途中指途经区间和途经车站。(　　)

59. 铁路货物运输作业交付过程中如果是自提重箱，掏箱完毕，收货人无须将空箱送回铁路集装箱堆场。(　　)

60. 选择铁路货物运输代理要了解该铁路货物运输代理的国内外网络，要确认该公司网络是可靠的，否则当货物灭失，尤其是大宗商品的损失要求货运代理公司赔偿通常很困难。（　　）

二、单选题（本类题型所包括的每道小题只有一个正确答案，请在给出的选项中选出正确答案。）

1. 铁路货物运输是使用铁路列车运送货物的一种运输方式，主要承担（　　）。

A. 长距离、大宗货物运输　　B. 长距离、小宗货物运输

C. 短距离、大宗货物运输　　D. 短距离、小宗货物运输

2. 铁路货物运输的优势距离为（　　）。

A. 100~300 千米　　B. 200~800 千米　　C. 200~600 千米　　D. 300~800 千米

3. 以下哪种形式不专属于铁路货物的装运（　　）。

A. 整车运输　　B. 零担运输　　C. 集装箱运输　　D. 驼背运输

4. 需按整车运输办理的货物的重量、体积或形状需要一辆货车装运的最低载重量是（　　）。

A. 10 吨　　B. 20 吨　　C. 30 吨　　D. 40 吨

5. 按零担运输办理的货物，一件货物的（　　）。

A. 体积最小不得小于 0.02 立方米，重量在 10 千克以下，且每批货物不得超过 300 件

B. 体积最小不得小于 0.02 立方米，重量在 20 千克以下，且每批货物不得超过 300 件

C. 体积最小不得小于 0.03 立方米，重量在 10 千克以下，且每批货物不得超过 300 件

D. 体积最小不得小于 0.03 立方米，重量在 20 千克以下，且每批货物不得超过 200 件

6. 为了加速零担货物的运送，合理使用车辆，组织零担货物的运输方式可分沿途零担车和（　　）。

A. 整装零担车　　B. 直达整零车　　C. 中转整零车　　D. 五定班列

7. 驮背运输的运输方式是公路和（　　）。

A. 航运　　B. 水运　　C. 铁路　　D. 管道

8. 铁路货物运输的“五定”班列适用于整车和（　　）。

A. 集装箱货物　　B. 零担货物　　C. 快件运输货物　　D. 驮背运输

9. 铁路快件运输每批不能超过（　　）。

A. 100 件　B. 200 件　C. 300 件　D. 400 件

10. 不属于普通货物的是（　）。

A. 煤　B. 石油　C. 棉布　D. 粮食

11. 铁路货运代理公司必备的硬性条件，以下不包括的是（　）。

A. 办公设施　B. 资质　C. 注册资金　D. 批准证书

12. 铁路货物运输作业流程的第一步是（　）。

A. 委托　B. 申报　C. 制订月计划　D. 查验

13. 集装箱货物装箱交付方式有箱站装箱和（　）。

A. 产地装箱　B. 发地装箱　C. 到站装箱　D. 中途装箱

14. 集装箱运抵国内外的目的地后，收货人凭领货凭证或有效证明文件领取集装箱，收货人的提货方式有（　）。

A. 1 种　B. 2 种　C. 3 种　D. 4 种

15. 铁路货物运输流程由货物发送作业、货物运输途中作业和（　）。

A. 货物收集作业　B. 货物整理作业　C. 货物登记作业　D. 货物到达作业

16. 按《价规》计算运输费用的货物是（　）。

A. 军事运输　B. 水陆联运

C. 过境运输　D. 其他铁路营业线的货物运输

17. 集装箱货物的单位是（　）。

A. 吨　B. 箱　C. 千克　D. 立方米

18. 整车货物重量的计价单位是（　）。

A. 吨　B. 箱　C. 千克　D. 立方米

19. 一般来说，零担货物每立方米重量不足 300 千克的轻泡货物，按每 1 立方米体积折合重量（　）。

A. 100 千克　B. 200 千克　C. 250 千克　D. 300 千克

20. 运价里程根据《货物运价里程表》按照发站至到站间国家铁路正式营业线（　）。

A. 最长经路计算　B. 平均经路计算　C. 最短经路计算　D. 随机经路计算

21. 运价里程不包括专用线、（　）。

A. 轮渡里程　B. 水陆联运中换装站至码头线的里程

C. 铁道部规定计费经路　D. 货物支线里程

22. 大型集装箱箱型为（　　）。

A. 6 吨箱以上　　B. 10 吨箱以上　　C. 20 英尺箱以上　　D. 40 英尺箱以上

23. 危险货物集装箱的运价率按照《铁路货物运价率表》中规定的集装箱运价率加(　　)。

A. 10%　　B. 20%　　C. 30%　　D. 40%

24. 罐式集装箱的运价率按照《铁路货物运价率表》中规定的集装箱运价率加（　　）。

A. 10%　　B. 20%　　C. 30%　　D. 40%

25. 其他铁路专用集装箱的运价率按照《铁路货物运价率表》中规定的集装箱运价率加（　　）。

A. 10%　　B. 20%　　C. 30%　　D. 40%

26. 使用铁路长大货物车（D 型）装运货物时，应核收长大货物车使用费、长大货物车回送费、(　　)。

A. 运费　　B. 装卸费　　C. 保管费　　D. 佣金

27. 运输超限货物时，发站应将超限货物的等级在货物运单货物名称栏内注明，其中，一级超限货物在计算运费时按运价率加（　　）。

A. 10%　　B. 50%　　C. 100%　　D. 150%

28. 运输超限货物时，发站应将超限货物的等级在货物运单货物名称栏内注明，其中，二级超限货物在计算运费时按运价率加（　　）。

A. 10%　　B. 50%　　C. 100%　　D. 150%

29. 运输超限货物时，发站应将超限货物的等级在货物运单货物名称栏内注明，其中，超级超限货物在计算运费时按运价率加（　　）。

A. 10%　　B. 50%　　C. 100%　　D. 150%

30. 运输超限货物时，发站应将超限货物的等级在货物运单货物名称栏内注明，其中，需要限速运行（不包括仅通过桥梁、隧道、出入站线限速运行）的货物在计算运费时按运价率加（　　）。

A. 10%　　B. 50%　　C. 100%　　D. 150%

31. 货物快运费，按《货物运价率表》规定的该批货物运价率的（　　）。

A. 10%　　B. 20%　　C. 30%　　D. 50%

32. 计算专用线取送车费的里程应自车站中心线起算，到交接地点或专用线（　　）。

A. 最长线路终端止　　B. 中间线路终端止

C. 最短线路终端止　　　　D. 随机线路终端止

33. 根据国民经济发展的远景来核定，通常为5年或10年的计划称为（　　）。

A. 长远计划　　B. 季度计划　　C. 年度计划　　D. 月度计划

34. 直接反映计划年度国民经济计划中铁路应完成的运输任务，通常作为列车编组计划、列车运行图和分配各铁路局货物运输任务的依据的是（　　）。

A. 长远计划　　B. 季度计划　　C. 年度计划　　D. 月度计划

35. 货物运输生产计划又称为（　　）。

A. 长远计划　　B. 季度计划　　C. 年度计划　　D. 月度计划

36. 旬间装车计划通过指定限制口发往主要钢厂、港口、国境站和主要卸车站的旬间装车计划，直达列车和成组装车计划等，达到车站的时间是每旬前（　　）。

A. 一天　　B. 两天　　C. 三天　　D. 五天

37. 所谓变更运输计划，是指货运计划已经批准，但货主需要临时变更到站、货物品名、（　　）。

A. 收货人　　B. 发货人　　C. 发站　　D. 路线

38. 变更运输计划中，变更的新到站应和原到站顺路，（　　）。

A. 可以超出原到达局范围，可以增加限制区段运量

B. 可以超出原到达局范围，不增加限制区段运量

C. 不超出原到达局范围，不增加限制区段运量

D. 不超出原到达局范围，可以增加限制区段运量

39. 变更运输计划中，运输计划能变更（　　）。

A. 一次　　B. 两次　　C. 无数次　　D. 五次

40. 国际贸易合同使用的各种条款中，适用于铁路运输的术语是（　　）。

A. FCA　　B. CPT　　C. CIP　　D. DAF

三、多选题（本题型所包含的每道小题都有不止一个正确答案，请选出你认为正确的答案，错选和多选者本小题不得分，少选但选项正确的可得到相应的分数。）

1. 铁路货物运输的优点包括（　　　）。

A. 安全　　B. 不受天气的影响　　C. 中长距离运费低廉

D. 运输批量大　　　　　　　E. 节能

2. 铁路货物运输（　　）。

A. 适于短距离货运　　B. 运费没有弹性　　C. 不能实现“门到门”运输

D. 车站固定，无法随处停车　　E. 货物滞留时间长

3. 铁路货物运输的技术经济特点包括（　　）。

A. 速度快　　B. 运能大　　C. 安全性高　　D. 能耗少　　E. 污染大

4. 铁路货物的发运形式包括（　　）。

A. 整车运输　　B. 零担运输　　C. 集装箱运输　　D. 驼背运输　　E. 铁路快件运输

5. 按零担运输办理的货物，需满足的条件是（　　）。

A. 一件货物的体积最小不得小于0.02立方米　　B. 一件货物的重量在10千克以下

C. 每批货物不得超过300件　　D. 每批货物不得超过20件

E. 一件货物的重量在20千克以下

6. 为了加速零担货物的运送，合理使用车辆，组织零担货物的运输方式可分（　　）。

A. 整装零担车　B. 直达整零车　C. 中转整零车　D. 五定班列　E. 沿途零担车

7. 按一批托运的货物，必须相同的条件是（　　）。

A. 托运人　　B. 收货人　　C. 发站　　D. 到站　　E. 装卸地点

8. 不得按一批托运的货物是（　　）。

A. 易腐货物与非易腐货物　　B. 性质上不能混装运输的货物

C. 危险货物与非危险货物（另有规定者除外）　　D. 运输条件相同的货物

E. 投保运输险货物与未投保运输险货物

9. 驮背运输采用的运输方式是（　　）。

A. 公路　　B. 航运　　C. 铁路　　D. 管道　　E. 航空

10. “五定”班列是指（　　）。

A. 定点　　B. 定线　　C. 定车次　　D. 定时间　　E. 定价

11. 铁路货物运输的“五定”班列适用于的货物是（　　）。

A. 零担　　B. 集装箱　　C. 整车　　D. 快件运输　　E. 驮背运输

12. 普通货物包括（　　）。

A. 煤　　B. 粮食　　C. 棉布　　D. 酒精　　E. 棉花

13. 特殊条件货物包括（　　　　）。

A. 危险货物　B. 鲜活货物　C. 超限货物　D. 集重货物　E. 超长货物

14. 铁路货运代理公司必备的硬性条件有（　　　　）。

A. 办公设施　B. 资质　C. 注册资金　D. 批准证书　E. 规模

15. 铁路货物运输的作业流程包括（　　　　）。

A. 委托　B. 申报　C. 月计划　D. 报关　E. 日计划

16. 集装箱货物装箱交付方式有（　　　　）。

A. 产地装箱　B. 发地装箱　C. 到站装箱　D. 箱站装箱　E. 中途装箱

17. 铁路货物运输流程是（　　　　）。

A. 货物收集作业　B. 货物发送作业　C. 货物登记作业

D. 货物运输途中作业　E. 货物到达作业

18. 铁路营业线的货物运输，均按《价规》计算货物的运输费用，但另有规定的是(　　　　)。

A. 军事运输　B. 水陆联运　C. 过境运输　D. 国际铁路联运　E. 航陆联运

19. 按货物重量计费的货物是（　　　　）。

A. 童车　B. 搬家货物　C. 室内健身车　D. 行李　E. 所有鲜活物

20. 运价里程不包括（　　　　）。

A. 轮渡里程　B. 水陆联运中换装站至码头线的里程

C. 专用线里程　D. 货物支线里程　E. 铁道部规定计费经路

21. 铁路集装箱按照箱型分为（　　　　）。

A. 1 吨箱　B. 2 吨箱　C. 5 吨箱　D. 6 吨箱　E. 10 吨箱

22. 铁路集装箱按类型分为（　　　　）。

A. 铁路集装箱　B. 自备集装箱　C. 通用集装箱　D. 专用集装箱　E. 大型集装箱

23. 铁路集装箱按箱主分为（　　　　）。

A. 铁路集装箱　B. 自备集装箱　C. 通用集装箱　D. 专用集装箱　E. 大型集装箱

24. 集装箱以箱为单位，其运费按照使用的箱数和《铁路货物运价率表》中规定的集装箱运价率计算，但危险货物集装箱、罐式集装箱、其他铁路专用集装箱的运价率，按该表的规定分别加（　　　　）。

A. 30%　B. 30%　C. 20%　D. 5%　E. 2%

25. 使用铁路长大货物车（D 型）装运货物时，应核收（　　）。

A. 运费　B. 装卸费　C. 长大货物车使用费

D. 佣金　E. 长大货物车回送费

26. 铁路货物运输计划按其编制期限分为（　　）。

A. 长远计划　B. 季度计划　C. 日计划　D. 年度计划　E. 月度计划

27. 编制旬间装车计划的主要依据是批准的（　　）。

A. 日要车计划　B. 年度计划　C. 货运计划　D. 日常计划　E. 月度计划

28. 所谓变更运输计划，是指货运计划已经批准，但货主需要临时变更（　　）。

A. 收货人　B. 发货人　C. 到站　D. 发站　E. 货物品名

29. 可以是铁路货物运输的国际贸易术语是（　　）。

A. FCA　B. CPT　C. CIP　D. DAF　E. DDU

30. 我国的铁路货物运输主要承担货运的范围是（　　）。

A. 长距离　B. 短距离　C. 少量　D. 大数量　E. 中长距离

四、情景问答题（请简要回答下面的问题）

1. 山西甲公司是一家生产煤的小型企业，近期将要运煤 30 吨到达北京，为了最大程度地降低企业成本，该公司希望找到一种可以最大化节约的运输方式。那么该公司应该选择哪种运输方式呢？为什么？

2. 某企业位于青岛，主营海鲜类食品，近期兼并了附近一个生产制造爆竹的小型企业，经营非常出色，主要销往四川等西南地区。该企业刚刚签订一个合同，要求给四川甲企业运送一批爆竹，大约 3 吨，同时还要运送一批海鲜。请问：该企业应该如何选择运输方式？应该注意什么？

3. A 物流企业承接运送一批货物，但是，当工作人员行驶 800 千米到达发货处时，却发现所选择的运输车辆宽度小于货物的宽度，长度也不太合适，最后不仅再次浪费企业的成本（需要从企业重新发车），而且耽搁了货物的最佳运输时间，令客户不满。请问：这种货物属什么类型货物？应该如何处理？

4. 某火车站发货站经常发送超限货物，但是发货人大多不清楚货物的运费如何计算，如果你是该发货站的工作人员，你应该如何做呢？

5. 某铁路局经营货物收发业务，有时会同时收取大量货物，有时会同时发出大量货物，但有时却几乎没有收发货物，致使整个货物收发过程非常混乱，没有秩序。请问：如果你是该铁路局的工作人员，你应该首先采取什么措施？

6. 某物流公司发出一批货物，收货人原为张某，但是刚刚获悉张某因为个人原因已经调离原企业，那么该物流公司应该如何处理？

五、论述题

1. 铁路货物运输的特点是什么？试分析其优劣势。

2. 什么是铁路货物运输中的特殊条件货物？这些货物在运输中如何处理？

3. 《国际贸易术语解释通则2000》中哪些条款与铁路货物运输有关？

六、案例题

1. 原告：河北省藁城市小常安正大冷风库（以下简称冷风库）。被告：重庆铁路分局重庆东站（以下简称重庆东站）。

1997 年 4 月 25 日，冷风库委托藁城市果品供销社综合服务社与藁城站签订了第 81715 号铁路货物运输合同（即货物运单）。约定由藁城站承运雪梨一整车2400 件（重40 吨，价值96200 元），发往重庆东站，收货人为第三军医大学；在货物运单托运人记事栏中言明“运输十五天不烂”，付运费6816. 14 元，并向保险公司不足额投保货物运输险 3 万元。藁城站在货物运单上注明“易腐货物”，当日将雪梨装入 P3100916 号棚车承运，货物运到期限9 天。5 月 14 日，该车雪梨到达重庆东站。5 月 15 日卸车时，发现腐烂变质2293 件，完好货物 107 件，重庆东站即编制了货物记录载明：“藁城发重庆东整车雪梨，卸检后未施封，二侧车门螺栓拧紧，开门车内有腐臭味，全批纸箱外有不同程度湿迹，开检见内货腐烂变质严重，卸后清点整理，完好货物 107 件，其余全部腐烂变质，车底有 9 米长、2. 1 米宽的湿迹。”重庆东站并附货运事故查复书载明：“货物腐烂变质属铁路责任，请中保公司核赔，联系收货人与保险公司接洽处理。”收货人将雪梨损失的情况告知冷风库，向保险公司索赔。保险公司查勘后以铁路责任为理由，拒不赔偿。重庆东站以保险公司已接洽处理，冷风库又不是货物运单上的合同单位为理由，未予赔偿。藁城市供销社果品生产综合服务社出具证明，其是受冷风库委托托运雪梨，一切事宜由冷风库全权处理。冷风库遂起诉至石家庄铁路运输法院。

原告冷风库诉称：因承运人在运输中违反了《铁路鲜活货物运输规则》的有关规定，造成货物腐烂变质，货物损失达96200元，运杂费、差旅费损失29400元，利息损失10248.30元，总计135994.30元，请求法院判令被告重庆东站予以赔偿上述损失并支付违约金。

被告重庆东站答辩称：1997年4月25日，托运人藁城市果品供销社综合服务社由藁城站发往我站雪梨2400件，5月14日车到卸货发现腐烂变质2293件，托运人投保运输险3万元。我站编制货物记录、货运事故查复书，联系保险公司与收货人接洽处理。原告称货物价值96200元，但该货保额不足，应由托运人负责。原告冷风库既不是货物运单上的托运人，也不是收货人，不符合本案主体资格。故我站不负赔偿责任。

石家庄铁路运输法院经审理认为：冷风库委托藁城市果品供销社综合服务社与藁城站签订的铁路货物运输合同合法有效，冷风库可作为当事人参与本案诉讼。铁路运输企业（包括发站、到站及中途各站）应对所承运的货物负有安全、完整、及时运输的义务。货物逾期运到或发生灭失、变质、损坏等，除不可抗力、货物本身的自然属性及托运人、收货人的过错可以免责外，铁路运输企业应承担逾期违约的赔偿责任。雪梨腐烂变质2293件的原因，是在运输途中对易腐的雪梨逾期10天运到造成的，重庆东站的货运记录、货运事故查复书能予认定。保险公司对货物运输现场作出查勘报告，以属铁路责任不予赔偿，原告冷风库要求货物的到达站重庆东站赔偿货物损失、支付违约金的诉讼请求符合法律规定，应予支持。但根据《铁路货物运输规程》的有关规定，该车货物未办保价运输，且按件数和重量承运，每吨货物实际损失最高赔偿2000元；对完好107件雪梨及运费不应赔偿。购梨贷款利息、差旅费因证据不足，不予支持。依照《中华人民共和国经济合同法》第三十六条第一项二、三目，《中华人民共和国铁路法》第十七条第一款第二项及最高人民法院《关于审理铁路运输损害赔偿案件若干问题的解释》第四条的规定，该院于1997年12月24日判决：

（1）被告重庆东站赔偿原告冷风库货物损失76433.33元，并支付逾期违约金614.40元。

（2）驳回原告冷风库的其他诉讼请求。

请问：试述本案例给我们的启示。

2.（1）美国铁路货运经营状况

美国货运铁路公司按年营业额分为3类，年营业额大于2.5亿美元的为Ⅰ级铁路，年营业额在0.2亿~2.49亿美元的为Ⅱ级铁路（地区铁路），年营业额小于0.2亿美元的为Ⅲ级铁路（地方铁路）。

美国货运铁路均为私营铁路，不享受政府的财政支持，经营活动由行业协会协调。目前，美国Ⅰ级铁路的行业代表为北美铁道协会（AAR），Ⅱ级铁路和Ⅲ级铁路的行业代表为美国短线与地区铁路协会（ASLRRA）。

1996年，美国Ⅰ级货运铁路线路里程为17.02万千米，占美国铁路线路总里程的77%，其职工约18万人，占职工总人数的91%，货运收入占货运总收入的93%。Ⅰ级铁路拥有机车19296台，拥有货车约57万辆。

Ⅰ级铁路经营成绩持续好转。1996年，Ⅰ级铁路货运量约18.3亿吨，完成货物周转量约为2.2×104亿吨千米，比1980年增长48%，约占全国货物周转量的38%。货物平均运距达到1355千米，比1980年增加了37%。

在运量和周转量增长的同时，运价持续下降。1980年以来，铁路运价下降了26%，按不变价格计算则降低了56%，节省了货主数十亿美元的运费，并有助于美国产品在国际市场的竞争。吨千米收入从1980年的1.78美分，下降到1996年的1.46美分，比同期工业生产指数低40%多，已具备较强的价格竞争优势。

生产率和劳动生产率都有大幅提高。生产率按每美元运营支出产生的营业吨千米计算，1996年比1980年提高了171%。劳动生产率按每工时完成的营业吨千米计算，1996年为4771吨千米，1995年为4418吨千米，而1980年只有1389吨千米，1996年比1980年提高了243%。

随着经营状况的好转，Ⅰ级铁路对货运设备和基础设施的投资逐步增加，1996年达到61亿美元，而1981年只有27亿美元。设备运用水平逐年提高，1996年，机车年平均行程达12.2万千米，比1980年增加了40%；货车年平均行程为4.1万千米，比1980年增加了49%。能源效率也有所提高，1996年与1980年相比，机车能源效率和货车能源效率分别提高了16.7%和18%。

（2）美国铁路路网发展战略

美国铁路在被管制期间，干线被分割到上百家公司，市场过度分散，各公司竞争非常激烈，都没有足够的力量来吸引大的运量；同时，绝大多数货物需要跨网运输，服务质量差，用于运输协调的管理成本也很高。

解除管制以后，Ⅰ级铁路逐步地实施合并。1980年，美国铁路仍有38家Ⅰ级铁路公司。1990年，Ⅰ级铁路减少到14家，1996年减少到10家。到1999年6月，美国Ⅰ级铁路仅剩7家。

通过合并，美国Ⅰ级铁路既实现了强强联合，也形成了强强竞争的局面。Ⅰ级铁路的市场覆盖范围扩大，经济力量增强，有足够的实力投入资金进行基础设施的改造和维护，并利用运价杠杆吸引更大的运量。同时，各大公司在主要产品和方向上仍存在竞争，保障了中小铁路和货主的利益。

I级铁路在合并的同时，抛售了大量运量较少的支线，形成了许多地区铁路和地方铁路。目前，美国地区铁路和地方铁路共540家左右，有333家是1981年以后成立的。地区铁路和地方铁路规模虽小，但经营灵活，通过其个性化的营销，适应了市场的需求。地区铁路和地方铁路是对I级铁路的重要补充，巩固了偏远地区的铁路市场。

（3）美国铁路路网发展趋势

目前，美国I级铁路名义上还有7家，但真正具有支配能力的只有4家，即中西部的UP和BNSF，东部的CSX和NS，分别在中西部和东部形成平行竞争的态势，力量比较均衡。而美国政府不会鼓励垄断经营。因此，4家大公司继续合并的空间不大。

近年来，美国工业越来越依赖铁路在国际贸易中完成货物运输。铁路对北美自由贸易区的建立至关重要，加拿大和墨西哥是美国的第一和第三大贸易伙伴。因此，北美铁路的跨国合并是趋势之一。一方面，面对繁荣的外贸运输，铁路投资的重心也发生了转移。另一方面，针对亚太和欧洲的外贸运输，改造、扩建连接港口的线路，尤其是西海岸的港口，提高运能。

（4）美国铁路货运产品发展战略

美国铁路的运输产品以大宗货物重载运输和集装箱联合运输为主，在运输组织上均开行重载列车，如大宗货物重载单元列车和双层集装箱列车。这种选择虽然与美国幅员辽阔不无关系，但更为重要的原因是，铁路的固定成本过高（占总成本的40%～50%），使铁路必须通过提高单位生产率来降低单位生产成本。可以说，开行重载列车是美国铁路受铁路成本结构影响而作出的必然选择。

美国铁路在大宗货物长途重载运输方面一直占有巨大优势。美国铁路自20世纪60年代开始发展重载运输，主要是在货运专线上开行重载单元列车，尤其是煤炭运输，半数以上是由重载单元列车运输的。

重载列车编组通常在100辆以上，列车重量可达万吨左右。重载列车扩大了列车编组，提高了列车重量，可以大幅度提高铁路运输能力，显著降低运输成本，大大提高劳动生产率和经济效益。伯林顿北方铁路公司（BN）于1987年进行的经济分析表明，编组120辆、单车载重112.5吨的重载列车可获得最佳经济效益，每年可节约运输成本5.2%。

美国铁路的大宗货物重载运输以煤炭为主，约占运量的40.0%，化学品、农产品、非金属矿石、速冻食品等分列第2～5位，分别占运量的8.3%、8.2%、7.6%、5.1%。从运输收入看，重载运输在美国铁路运输收入中也占据重要地位，煤炭运输收入约占铁路运输总收入的22%。

1996年，美国铁路运送的货物价值仅占货物总价值的4%，货运量仅占货物总重量的13%，但货物周转量占总周转量的38%左右，远远超过其他运输方式，反映了铁路在低价值大宗货物运输市场的地位。

联合运输包括两类运输方式：TOFC（平车装载公路拖车）是在85英尺或更长的平车上装载2辆或3辆公路拖车；COFC（平车装载集装箱）是用平车装载20英尺或40英尺集装箱。这两种运输方式都是通过铁路完成城间运输，而“门到门”运输基本上由汽车完成。

1983年，美国铁路开始开行双层集装箱列车。与单层集装箱列车相比，双层集装箱列车具有可观的经济效益，每只集装箱可节约200美元的运输成本，相当于单层集装箱列车运输成本的30%。由于双层集装箱列车大大提高了运量，降低了成本，不到10年时间就在全路主要线路开行了双层集装箱列车，联合运输的重点逐步转移。

1996年，美国铁路完成联合运输运量870万箱（辆），比1980年增长了180%。1999年，联合运输运量进一步提高到904万箱（辆），是1980年运量的3倍。目前，联合运输已成为美国铁路增长速度最快的产品，联合运输收入已占铁路运输总收入的17%。

铁路营销的途径是通过提高服务质量，在保证稳定老用户的基础上，使新用户由其他运输方式转向铁路，并提高铁路设备的应用水平。

美国铁路定位于服务性行业，向用户提供运输产品。“产品—服务”组合是普遍适用的营销术语，铁路对线路、时间、车次、运价等进行不同的组合，为不同地区的市场、沿不同的路线、以不同的发车密度提供服务，通过合理的机车车辆运用为尽可能多的用户服务。

铁路制定的“产品—服务”组合其实可以对应于不同类型的7类用户：①竞争型用户，其市场竞争激烈，要求铁路提供满足其市场战略的运输服务；②价格型用户，以运价决定其运输选择；③服务型用户，以服务质量决定其运输选择；④大运量型用户；⑤货损型用户，如运输高价值货物的用户；⑥外因型用户，其运输选择由他人决定的用户；⑦库存型用户，依据库存决定运量的用户。

美国Ⅰ级铁路的营销工作一直奉行80/20原则，即80%的业务来自20%的用户，重视大用户，忽视小客户。但是，从营销的角度看，短线铁路更容易满足用户需求。短线铁路管理层次少，可以即时改变调度方案；而Ⅰ级铁路对非图定列车的调度，由于涉及很多管理问题，往往需要较长时间才能确定调度方案。

中介机构是铁路与货主之间的重要纽带，常被称作“第三方”，一般不拥有铁路运输工具，起到传递信息或者集散货物的作用。中介机构依赖铁路灵活的运价政策获取利润。

请问：美国铁路货运发展战略对我国铁路发展有什么启示？

单元1 货物运输概述

单元2 公路货物运输

单元3 铁路货物运输

单元4 航空货物运输

单元5 水路货物运输

单元6 多式联运

单元7 货物运输单证和风险管理

单元 4　航空货物运输

本单元学习目标

1. 了解航空货物运输的优势及局限性
2. 了解航空货运代理的作用
3. 掌握国内国际航空货物运输操作流程
4. 掌握航空货物重货和泡货的界定
5. 掌握航空货物运价的构成

一、判断题（本类题型所包含的每道小题都只有正确或错误的一种答案，你认为正确的请在答题卡对应的题号上涂 A，错误的涂 B。）

1. 航空货物运输是指利用民用飞机运送货物的一种运输方式。（　　）

2. 航空运输的优势之一即是安全、准确，航空公司的运输管理制度也比较完善，货物的破损率较低。（　　）

3. 航空运输又分为国内航空运输和国际航空运输。（　　）

4. 修建铁路比修建机场占用土地少，投资省。（　　）

5. 飞机适合运送如报刊、抢险、救急品等物品。（　　）

6. 中国航空局是中国航空运输的管理部门。（　　）

7. 对空运货物重、泡货的界定是：每吨不大于 3 立方米为重货；每吨大于 3 立方米为泡货。（　　）

8. 采用航空运输方式进出口货物，需要办理一定的手续，如出口货物在始发机场交给航空公司之前的销售、订舱、接货、制单、报验、报关和交运等；进口货物在目的地机场从航空公司接货、接单、报关、报验、送货或转运等，这些业务一般由航空公司负责办理。（　　）

9. 航空货运业务只能通过航空货运代理公司办理。（　　）

10. 空运货物出口清关时，空运货物的通关时间：一般情况为当天。（　　）

11. 空运货物出口基本操作流程中，托运人提供空运货物资料：托运人名称、电话、地址；品名，件数，重量，箱规尺寸；目的港及目的港收货人名称、地址、电话；备妥应具备的报关资料：清单、合同、发票、手册、核销单等。（　　）

12. 空运货物出口基本操作流程中，货物通过安、卫检，即可由航空货运代理公司填报托运单；如果检查没有通过，货物将被扣留。（　　）

13. 空运货物出口基本操作流程中，发运 9 日后航空货运代理公司回海关贴关单防伪签。（　　）

14. 空运货物进口基本流程中，货物只能可以由航空公司地面代理接收。(　　)

15. 空运货物进口基本流程中，进入仓库之后，由航空货运代理公司通知客户、输单和做电子数据传输，并且报检；国家检验检疫局不允许免验。(　　)

16. 空运货物进口基本流程中，免验或者检验通过即放行，检验没有通过的货物要做处理，可能需要退货；放行之后，不需要报关。(　　)

17. 空运货物进口基本流程最后，收货人要做进口付汇。(　　)

18. 机场/航空公司货站出港操作流程中打单输入系统是指航空货运代理公司根据货站的《可收运书》将全部货物数据，打入航空公司的运单上。(　　)

19. 报关行对于空运货物的操作流程中预录入是指报关行将根据相关文件，整理并完善所有报关文件，将数据录入海关系统，进行预先审核。(　　)

20. 报关行对于空运货物的操作流程中报关行转关货物要收取相应的转关费用。(　　)

21. 运价是指机场与机场之间的空中费用，包括提货、报关、接交、仓储以及承运人、代理人或机场收取的其他各种费用。(　　)

22. 目前，我国出口货物实行的是先报检后报关的货物出境制度。(　　)

23. 基础运价是民航总局统一规定各航段货物基础运价，基础运价为45千克以下普通货物运价，金额以角为单位。(　　)

24. 最低的运输费用并不意味着最低的运输总成本，最低的运输总成本也并不意味着合理化的运输。(　　)

25. 重量分界点运价是指国内航空货物运输规定的45千克以上、100千克以上、300千克以上三级重量分界点及运价。(　　)

26. 等级货物运价按照基础运价的200%计收。(　　)

27. 目前最低运费是指每票国内航空货物最低运费为人民币50元。(　　)

28. 集装箱是航空货运中的唯一的集装设备。(　　)

29. 海关对于空运货物的清关操作流程出口清关中，其中查验是指抽查或者由航空货运代理公司自查，代理不用对查验后果负责。(　　)

30. 海关对于空运货物的清关操作流程出口清关中，征税是指海关根据货物的类别，按照国家法律的规定收取税收，并填写核销单，以便货物出口后，托运人退税用。(　　)

31. 空运快递服务中涉及的运输种类很多，长距离基本是以空运和海运为主。(　　)

32. 空运快件运输基本操作流程包括客户下单、呼叫中心受理、上门收件、快件分拨和

发运、目的地提货和快件分拣、目的地收派员上门派件。（　　）

33. 空运货物重货和泡货的界定与公路和铁路货物计重相同。（　　）

34. 航空运输的运价是指机场与机场之间的空中费用，也包括提货、报关、接交、仓储以及承运人、代理人或机场收取的其他各种费用。（　　）

35. 国内空运货物运价类别普通货物运价代号为 S。（　　）

36. 国内空运货物运价类别等级货物运价代号为 S。（　　）

37. 国内空运货物运价类别最低运费代号为 C。（　　）

38. 国内空运货物运价类别集装货物运价：普通货物运价分为基础运价（代号 Q）和重量分界点运价（代号 N）。（　　）

39. 国内空运货物运价基础运价是民航总局统一规定各航段货物基础运价，基础运价为 50 千克以下普通货物运价，金额以角为单位。（　　）

40. 国内空运货物运价重量分界点运价是指国内航空货物运输规定的 45 千克以上、100 千克以上、500 千克以上三级重量分界点及运价。（　　）

41. 国内空运货物运价中等级货物运价是指急件、生物制品、珍贵植物和植物制品、活体动物、骨灰、灵柩、鲜活易腐物品、贵重物品、枪械、弹药、押运货物等特种货物实行等级货物运价，按照基础运价的 120% 计收。（　　）

42. 国内空运货物运价中指定商品运价是指对于一些批量大、季节性强、单位价值低的货物，可申请建立指定商品运价。（　　）

43. 国内空运货物运价中目前最低运费是指每票国内航空货物最低运费为人民币 50 元。（　　）

44. 国内空运货物运价中集装货物运价单指以集装箱作为一个运输单元运输货物可申请建立集装货物运价。（　　）

45. 国内空运货物运价中国内航空货运计费规则货物运费计费以“角”为单位。（　　）

46. 国内空运货物运价中国内航空货运计费规则最低运费，按重量计得的运费与最低费相比取其高者；按实际重量计得的运费与按较高重量分界点运价计得的运费比较取其高者。（　　）

47. 国内空运货物运价中国内航空货运计费规则分段相加组成运价时，不考虑实际运输路线，不同运价组成点组成的运价相比取其低者。（　　）

48. 国内空运货物运价中国内航空邮件运费普通邮件运费按照普通货物基础运价计收；

特快专递邮件运费按照普通货物基础运价的120%计收。(　　)

49. 国际空运货物运价中特种货物分为10类，其中每一类又细分为10组，每组再细分，这样几乎所有的商品都有一个对应的组号，公布特种货物运价时只要指出本运价适用于哪一组货物即可。(　　)

50. 国际空运货物运价中适用特种运价的货物除了满足航线和货物种类的要求外，可以不要达到承运人所规定的起码运量（如100千克）。(　　)

51. 航空运价的显著特点之一，运价的数额随运输货量的增加而降低。(　　)

52. 起码运费是航空公司办理一批货物所能接受的最低运费，是航空公司在考虑办理即使很小的一批货物也会产生的固定费用后制定的。(　　)

53. 航空公司规定无论所运送的货物适用哪一种航空运价，所计算出来的运费总额都不得低于起码运费。若计算出的数值低于起码运费，则必须以起码运费计收。(　　)

54. 航空货物运输是指利用民用航空器运送货物，分为国内航空运输和国际航空运输。(　　)

55. 国际航空运输是指无间断、无转运，运输的出发地点和目的地之一不在国境内的运输，国际航空运输要根据当事人订立的航空运输合同执行。(　　)

56. 航空运输的优势之一就是不受地面条件影响：航空运输可以利用天空这一自然通道，不受地理条件约束，对地面条件恶劣、交通不便的内陆地区非常合适，有利于当地资源的输出，促进当地经济发展。(　　)

57. 航空货运代理公司之所以能够产生并迅速发展起来，是因为至今航空公司的服务基本没有走出机场。(　　)

58. 公共航空运输企业是指以赢利为目的，使用民用航空器运送旅客、行李、邮件或者货物的企业法人。(　　)

59. 呼叫中心的任务是收派员按照信息上门收件，完成交接手续，用无线巴枪扫描运单条码，然后将快件交回所在区域营业网点。(　　)

60. 起码运费是航空公司办理一批货物所能接受的最低运费。(　　)

二、单选题（本类题型所包括的每道小题只有一个正确答案，请在给出的选项中选出正确答案。）

1. 航空公司与货运代理公司在进口货物交接时，出现清单有记录、有货物，但没有主运单的情况，应采取的处理方式（　　）。

A. 主运单退回　　B. 主运单后补　　C. 货物退回　　D. 清单加主运单号

2. 国际民用航空组织的缩写是（　　）。

A. ICAQ　　B. CAAC　　C. ICBO　　D. ICAO

3. 中国航空运输的管理部门是（　　）。

A. 中国航空局　　B. 中国民用航空局　　C. 中国民用航空署　　D. 航空局

4. 根据我国国际货运代理行业主管部门商务部的有关规定，中国国际货运代理企业业务备案工作的负责单位是（　　）。

A. 中国国际货运代理协会　　B. 工商行政部门

C. 人事部　　D. 劳动部

5. 根据我国现行的国际货运代理行业管理规定，国际货运代理企业不得从事的业务有（　　）。

A. 接受收发货人委托从事货运服务　　B. 接受其他货运代理人转托运的货物

C. 允许其他单位个人以该企业或其营业部名义从事国际货运代理业务

D. 以宣传自己服务优势的竞争手段从事经营活动

6. 以赢利为目的，使用民用航空器运送旅客、行李、邮件或者货物的企业法人是（　　）。

A. 一般航空运输企业　　B. 个人航空运输企业

C. 公共航空运输企业　　D. 所有航空运输企业

7. 最快捷的交通运输工具是（　　）。

A. 火车　　B. 飞机　　C. 货车　　D. 轮船

8. 以下适合用飞机运送的货物是（　　）。

A. 精密仪器　　B. 矿石　　C. 粮食　　D. 石油

9. 托运人和航空公司之间的桥梁和纽带是（　　）。

A. 报关行　　B. 收货人　　C. 中介机构　　D. 航空货运代理公司

10. 收派员按照信息上门收件，完成交接手续，用无线巴枪扫描运单条码，然后将快件交回所在区域营业网点，这是（　　）。

A. 发运　　B. 快件分拨　　C. 快件分拣　　D. 上门收件

11. 机场与机场之间的空中费用是（　　）。

A. 发货费　　B. 代理费　　C. 运价　　D. 理货费

12. 民航总局统一规定各航段货物基础运价是（　　）。

A. 重量分界点运价　　B. 等级货物运价　　C. 基础运价　　D. 指定商品运价

13. 急件、生物制品、珍贵植物和植物制品、活体动物、骨灰、灵柩、鲜活易腐物品、贵重物品、枪械、弹药、押运货物等特种货物实行（　　）。

A. 重量分界点运价　　B. 基础运价　　C. 指定商品运价　　D. 等级货物运价

14. 批量大、季节性强、单位价值低的货物适用的运价是（　　）。

A. 重量分界点运价　　B. 基础运价　　C. 等级货物运价　　D. 指定商品运价

15. 不是航空运输的优势的是（　　）。

A. 运送速度快　　B. 不受地面条件影响　　C. 处于垄断地位　　D. 经济效益高

16. 下列对航空运输的局限性表述不正确的是（　　）。

A. 航空运输只适合低价值货物的运输　　B. 载重量小、运输成本较高

C. 噪声污染严重　　D. 恶劣天气会影响飞行安全

17. 航空货运代理公司的服务能够给予方便的当事人有（　　）。

A. 委托人　　B. 承运人　　C. 托收人　　D. 委托人和承运人

18. 航空货运代理公司回海关贴关单防伪签的时间是发运（　　）。

A. 4 日后　　B. 5 日后　　C. 7 日后　　D. 8 日后

19. 报关行对于空运货物的送单时间是根据航班时间，一般提前（　　）。

A. 2 天报关　　B. 1 天报关　　C. 12 小时报关　　D. 6 小时报关

20. 普通货物运价的基础运价的代号为（　　）。

A. N　　B. S　　C. C　　D. M

21. 等级货物运价按照基础运价的（　　）。

A. 110% 计收　　B. 120% 计收　　C. 130% 计收　　D. 150% 计收

22. 航空公司办理一批货物所能接受的最低运费，是航空公司在考虑办理即使很小的一批货物也会产生的固定费用后制定的运费是（　　）。

A. 航空运费　　B. 特殊运费　　C. 普通运费　　D. 起码运费

23. 重量分界点运价是指国内航空货物运输规定的（　　）。

A. 45 千克以上、100 千克以上、300 千克以上

B. 30 千克以上、50 千克以上、100 千克以上

C. 50 千克以上、100 千克以上、150 千克以上

D. 100 千克以上、200 千克以上、300 千克以上

24. 空运货物的通关时间：一般情况为（　　）。

A. 当天　　B. 第二天　　C. 第三天　　D. 由运货人决定

25. 承运人制定特种运价的初衷主要是考虑（　　）。

A. 航空运费　　B. 成本　　C. 运货时间　　D. 运价

26. 适用等级货物运价的货物通常不包括（　　）。

A. 低价值货物　　B. 活动物　　C. 贵重物品　　D. 尸体或骨灰

27. 通常，各航空公司公布的普通货物运价针对所承运货物数量的不同规定几个计费重量分界点（Break Points）。最常见的是（　　）。

A. 30 千克分界点　　B. 45 千克分界点　　C. 50 千克分界点　　D. 100 千克分界点

28. 下列说法正确的是（　　）。

A. 运价的数额随运输货量的增加而增加，这也是航空运价的显著特点之一

B. 运价的数额随运输货量的降低而降低，这也是航空运价的显著特点之一

C. 运价的数额随运输货量的增加而降低，这也是航空运价的显著特点之一

D. 运价的数额随运输货量的降低而增加，这也是航空运价的显著特点之一

29. 成组货物运价即特殊运价，适用于（　　）。

A. 低价值货物　　B. 活动物　　C. 贵重物品　　D. 托盘或集装箱货物

30. 国内航空货物每票最低运费为（　　）。

A. 人民币 80 元　　B. 人民币 70 元　　C. 人民币 50 元　　D. 人民币 30 元

31. 下列关于国内空运货物运价类别代码不正确的是（　　）。

A. 普通货物运价（代号 N）　　B. 等级货物运价（代号 D）

C. 指定商品运价（代号 C）　　D. 最低运费（代号 M）

32. 基础运价是民航总局统一规定各航段货物基础运价，基础运价为 45 千克以下普通货物运价，金额以（　　）。

A. 元为单位　　B. 角为单位　　C. 分为单位　　D. 万为单位

33. 对于一些批量大、季节性强、单位价值低的货物，可申请建立指定商品运价的运费是（　　）。

A. 普通货物运价　　B. 等级货物运价　　C. 指定商品运价　　D. 最低运费

34. 关于国内航空货物运价使用规则说法不正确的是（　　）。

A. 直达货物运价优先于分段相加组成的运价

B. 指定商品运价优先于等级货物运价和普通货物运价

C. 等级货物运价优先于普通货物运价

D. 普通货物运价优先于等级货物运价

35. 出口清关不包括（　　）。

A. 审单　　B. 查验　　C. 转关　　D. 征税

36. 航空货运代理公司大都对运输环节和有关规章制度十分熟悉，并与下列（　　）部门有着广泛的联系。

A. 民航、海关、商检和交通运输　　B. 民航、海关

C. 海关、商检　　D. 商检和交通运输

37. 关于国内航空货运计费规划，下列说法正确的是（　　）。

A. 货物运费计费以“角”为单位，分以下四舍五入

B. 最低运费，按重量计得的运费与最低费相比取其低者

C. 按实际重量计得的运费与按较高重量分界点运价计得的运费比较取其低者

D. 分段相加组成运价时，只考虑实际运输路线，不同运价组成点组成的运价相比取其低者

38. 进口清关比出口清关多的程序是（　　）。

A. 审单　　B. 查验　　C. 征税　　D. 初审

39. 下列说法正确的是（　　）。

A. 与公路和铁路货物计重不同，对空运货物重、泡货的界定是：每吨不大于 6 立方米为重货；每吨大于 6 立方米为泡货

B. 与公路和铁路货物计重不同，对空运货物重、泡货的界定是：每吨大于 6 立方米为重货；每吨小于 6 立方米为泡货

C. 与公路和铁路货物计重不同，对空运货物重、泡货的界定是：每吨大于 6 立方米为重货；每吨小于 6 立方米为泡货

D. 与公路和铁路货物计重不同，对空运货物重、泡货的界定是：每吨不小于 6 立方米为重货；每吨不大于 6 立方米为泡货

三、多选题（本题型所包含的每道小题都有不止一个正确答案，请选出你认为正确的答案，错选和多选者本小题不得分，少选但选项正确的可得到相应的分数。）

1. 国内空运货物运价包括（　　）。

A. 普通货物运价　B. 等级货物运价　C. 指定商品运价

D. 最低运费　E. 集装货物运价

2. 以下物品中属于贵重货物的有（　　）。

A. 金锭　B. 旅行支票　C. 镀金首饰　D. 工业钻石　E. 仿真玩具

3. 航空货物运输是指利用民用航空器运送货物的一种运输方式，航空运输又分为(　　)。

A. 国内航空运输　B. 国际航空运输　C. 洲际航空运输

D. 地区航空运输　E. 混合航空运输

4. 航空货物运输是指利用民用航空器运送货物的一种运输方式。航空运输的优势(　　)。

A. 运送速度快　B. 不受地面条件影响　C. 安全、准确

D. 节约保险、包装、利息等费用　E. 经济效益高

5. 成组货物运价适用于（　　）。

A. 托盘货物　B. 集装箱货物　C. 纸箱货物　D. 塑料袋货物　E. 木箱货物

6. 航空运输管理部门包括（　　）。

A. 中国民用航空局　B. 中国交通部　C. 国际民用航空组织

D. 国务院　E. 铁路部

7. 在国内国际航空货物运输操作流程中，空运货物出口基本操作流程包括（　　）。

A. 托运人选择适合的航空货运代理公司　B. 理货、入库

C. 托运人缴纳仓储、卫检等杂费

D. 托运人填写报关委托书，交由委托报关的航空货运代理公司或报关行申报

E. 发运 7 日后航空货运代理公司回海关贴关单防伪签

8. 在国内国际航空货物运输操作流程中，报关行对于空运货物的操作流程包括（　　）。

A. 接单、送单　B. 预录入　C. 申报

D. 查验　　　　　　　　　E. 转关货物要收取相应的转关费用

9. 国内空运货物运价中，关于国内空运货物运价类别正确的是（　　）。

A. 普通货物运价（代号 N）　　　　B. 等级货物运价（代号 S）

C. 指定商品运价（代号 C）　　　　D. 最低运费（代号 M）

E. 集装货物运价普通货物运价分为基础运价（代号 N）和重量分界点运价（代号 Q）

10. 关于国内空运货物运价，下列选项正确的是（　　）。

A. 基础运价是民航总局统一规定各航段货物基础运价，基础运价为 45 千克以下普通货物运价，金额以“角”为单位

B. 等级货物运价是指急件、生物制品、珍贵植物和植物制品、活体动物、骨灰、灵柩、鲜活易腐物品、贵重物品、枪械、弹药、押运货物等特种货物实行等级货物运价，按照基础运价的 120% 计收

C. 重量分界点运价是指国内航空货物运输规定的 45 千克以上、100 千克以上、300 千克以上三级重量分界点及运价

D. 目前最低运费是指每票国内航空货物最低运费为人民币 50 元

E. 指定商品运价优先于等级货物运价和普通货物运价

11. 下列关于国内航空货运计费规则表述错误的是（　　）。

A. 货物运费计费以“角”为单位

B. 最低运费，按重量计得的运费与最低费相比取其低者

C. 按实际重量计得的运费与按较高重量分界点运价计得的运费比较取其低者

D. 分段相加组成运价时，不考虑实际运输路线，不同运价组成点组成的运价相比取其高者

E. 国内航空货物每票最低运费为人民币 30 元，代码是 M

12. 国际航空货物的运价分类包括（　　）。

A. 特种货物　　B. 等级货物　　C. 普通货物　　D. 起码运费　　E. 成组货物

13. 关于特种货物运价，下列说法正确的是（　　）。

A. 特种货物运价通常是承运人根据在某一航线上经常运输某一种类货物的托运人的请求或为促进某地区间某一种类货物的运输，经国际航空运输协会同意所提供的优惠运价

B. 特种货物分为 10 类，其中每一类又细分为 10 组，每组再细分，这样几乎所有的商品都有一个对应的组号，公布特种货物运价时只要指出本运价适用于哪一组货物即可

C. 因为承运人制定特种运价的初衷主要是使运价更具竞争力，吸引更多客户使用航空货运形式，使航空公司的运力得到更充分的利用，所以特种货物运价比普通货物运价要低

D. 适用特种运价的货物除了满足航线和货物种类的要求外，还必须达到承运人所规定的起码运量（如 100 千克）

E. 如果货量不足，而托运人又希望适用特种运价，那么货物的计费重量就要以所规定的最低运量（100 千克）为准，该批货物的运费就是计费重量（此时是最低运量）与所适用的特种货物运价的乘积

14. 在航空货物运输中，适用等级货物运价的货物通常包括（　　）。

A. 活动物、活动物的集装箱和笼子　　B. 贵重物品

C. 报纸、杂志、期刊、书籍、商品目录、盲人和聋哑人专用设备和书籍等出版物

D. 作为货物托运的行李　　E. 镀金首饰

15. 在航空货物运输中，关于空运货物重货和泡货的界定，下列说法正确的是（　　）。

A. 与公路和铁路货物计重相同　　B. 与公路和铁路货物计重不同

C. 对空运货物重、泡货的界定是：每吨不大于 6 立方米为重货；每吨大于 6 立方米为泡货

D. 对空运货物重、泡货的界定是：每吨不大于 9 立方米为重货；每吨大于 9 立方米为泡货

E. 对空运货物重、泡货的界定是：每吨不大于 12 立方米为重货；每吨大于 12 立方米为泡货

16. 海关对于空运货物的出口清关操作流程包括（　　）。

A. 审单：海关将根据报关资料审核货物以及单证

B. 查验：抽查或者由航空货运代理公司自查（代理要对查验后果负责）

C. 预录入：报关行将根据以上文件，整理并完善所有报关文件，将数据录入海关系统，进行预先审核

D. 征税：海关根据货物的类别，按照国家法律的规定收取税收，并填写核销单（以便货物出口后，托运人退税用）

E. 放行：以上手续完备后，海关将对货物进行放行，在相关单证上加盖海关放行章，交给相关的报关行

17. 在航空货物运输中，可能隐含危险品的物质是（　　）。

A. 医疗用品　　B. 野营用具　　C. 奶酪　　D. 冷冻胚胎　　E. 汉堡

18. 下列关于航空货运代理的作用，正确的是（　　）。

A. 采用航空运输方式进出口货物，需要办理一定的手续

B. 进口货物在目的地机场从航空公司接货、接单、报关、报验、送货或转运等

C. 航空货运业务可以通过航空货运代理公司办理，也可以由收、发货人直接向航空公司办理，但后一种形式在实际操作中比较少见

D. 航空货运代理公司之所以能够产生并迅速发展起来，是因为至今航空公司的服务基本没有走出机场

E. 航空货运代理公司大都对运输环节和有关规章制度十分熟悉，并与民航、海关、商检和交通运输部门有着广泛的联系，具备代办运输手续的条件

19. 航空运输的局限性包括（　　）。

A. 航空运输的费用高，不适合低价值货物的运输

B. 载重量小、运输成本较高，目前尚不能完成大量的普通货物运输

C. 噪声污染严重

D. 飞机的舱容有限，对大件货物或者大批量货物有一定限制

E. 恶劣天气会影响飞行安全

20. 普通货物运价的计费重量分界点可以是（　　）。

A. 45 千克分界点　　B. 100 千克分界点　　C. 300 千克分界点

D. 35 千克分界点　　E. 25 千克分界点

21. 指定商品运价适用的货物是（　　）。

A. 批量大　　B. 急件　　C. 季节性强　　D. 珍贵植物　　E. 单位价值低

22. 航空运输的运价不包括（　　）。

A. 提货费　　B. 报关费　　C. 仓储费

D. 代理费　　E. 机场与机场之间的空中费用

23. 下列关于空运货物出口基本操作流程表述正确的是（　　）。

A. 货物通过安、卫检，即可由航空货运代理公司填报托运单；如果检查没有通过，则要作退货处理

B. 托运人只能将货物运至航空货运代理公司指定地点

C. 货物送交机场检验，如无问题则装机发运；如有，则作退货处理

D. 航空货运代理公司检查委托书内容是否齐全，不齐全的要补充完备；了解货物是否要做商检，并对需要做商检的货物协助办理商检

E. 托运人填写报关委托书，交由委托报关的航空货运代理公司或报关行申报；如果海关没有放行，则要作退货处理

24. 下列关于空运货物进口基本流程，表述错误的是（　　）。

A. 飞机进场之后，航空公司要将总舱单录入电脑

B. 货物只能由航空公司地面代理接收

C. 进入仓库之后，由航空货运代理公司通知客户、输单和做电子数据传输，并且报检

D. 代理人要做进口付汇

E. 海关必须查验合格后放行

25. 下列关于报关行对于空运货物的操作流程，表述正确的是（　　）。

A. 接单、送单：托运人可自行选择报关行，也可委托航空货运代理公司进行报关。托运人备妥报关资料之后，连同货站的《可收运书》，航空公司的正本运单及时交给报关行，以便于及时报关，方便货物及早通关以及运输

B. 预录入：报关行将根据以上文件，整理并完善所有报关文件，将数据录入海关系统，进行预先审核

C. 申报：预录通过后，可进行正式申报程序，将所有单证交由海关审核

D. 送单时间：根据航班时间，一般提前一天报关

E. 转关货物要收取相应的转关费用

26. 某纸箱包装的空运货物的体积和重量分别为：实际毛重 18 千克；体积 0.14 立方米。下列关于航空公司计费的说法正确的是（　　）。

A. 23 千克计收运费　　B. “择大计收”原则计算计费重量

C. 21 千克计收运费　　D. “择小计收”原则计算计费重量

E. 25 千克计收运费

27. 航空运输的运价是指机场与机场之间的空中费用，但是不包括（　　）。

A. 提货　　B. 报关　　C. 接交

D. 仓储以及承运人　　E. 代理人或机场收取的其他各种费用

28. 国内航空货物运价使用规则（　　）。

A. 直达货物运价优先于分段相加组成的运价

B. 指定商品运价优先于等级货物运价和普通货物运价

C. 等级货物运价优先于普通货物运价

D. 货物运费计费以“元”为单位，元以下四舍五入

E. 最低运费，按重量计得的运费与最低费相比取其高者

29. 货运企业是为广大货主提供货物在运输过程中所需各项服务工作的服务性企业，其产品是货运服务。作为服务产品的特征包括（　　）。

A. 无形性　　B. 差异性　　C. 不可储存性　　D. 可储存性　　E. 趋同性

30. 下列关于航空货运代理，说法正确的是（　　）。

A. 采用航空运输方式进出口货物，需要办理一定的手续

B. 进口货物在目的地机场从航空公司接货、接单、报关、报验、送货或转运等

C. 航空货运业务可以通过航空货运代理公司办理，也可以由收、发货人直接向航空公司办理，但后一种形式在实际操作中比较少见

D. 航空货运代理公司之所以能够产生并迅速发展起来，是因为至今航空公司的服务基本没有走出机场

E. 航空货运代理公司大都对运输环节和有关规章制度十分熟悉，并与民航、海关、商检和交通运输部门有着广泛的联系，具备代办运输手续的条件

四、情景问答题（请简要回答下面的问题）

1. 哈尔滨某公司需要将一票货物空运往美国旧金山，共 5 个纸箱，每个纸箱 0.024 立方米，每个纸箱重 8 千克。请分析此票空运货物属于重货还是泡货，并计算该运输费用。

2. 2011 年 6 月，寿光市某蔬菜加工型企业 A，想要通过航空运输出口其生产的蔬菜制品。现在，A 企业委托 B 报关行来做该票货物的出口清关工作。请问报关行对于空运货物的操作流程有哪些？

3. 采用航空运输方式进出口货物，需要办理一定的手续，如出口货物在始发机场交给航空公司之前的销售、订舱、接货、制单、报验、报关和交运等；进口货物在目的地机场从航空公司接货、接单、报关、报验、送货或转运等。这类业务航空公司一般不负责办理，因而需要专业承办此类业务的航空货运代理提供服务。谈谈航空货运代理的主要作用有哪些？

4. 小王是 2011 年应届大学毕业生，通过自己的努力，他考取了大连机场海关的职位，主要负责空运货物出口清关审查的任务。在他刚刚上班的时候就遇到了问题，他并不了解海关

对于空运货物的出口清关操作流程。假如你是小王的同事，你将会如何帮助他？

5. 2011 年 7 月，日本东京 A 公司想要通过航空运输向北京出口其生产的电子产品。假如，现在你是北京某机场海关人员，那么你应该对该票货物的进口清关做哪些工作？

6. 近年来，民航管理部门逐步放松对国内航空货运业的管制，极大地降低了国内航空货运市场的准入门槛，同时还积极扩大国际航空货运业务的对外开放，有效地促进了我国航空货运的快速发展。据统计，我国已有中货航、国货航等 9 家全货运航空公司，全货运飞机 70 余架，在国际民航组织各缔约国定期航班货物周转量排名位居第二位。航空枢纽机场逐渐形成，如上海浦东、北京首都、广州白云、深圳宝安、厦门高崎和天津滨海等机场都已经成为国际性航空货运枢纽。我国之所以大力发展航空运输，是因为航空运输有其独特的优势。那么航空运输的主要优势有哪些？

五、计算题

1. 20 件货一票，5 件毛重 56.3 千克，单件体积为 120.65 厘米 ×71.44 厘米 ×63.5 厘米；14 件毛重 14.8 千克，单件体积 55.25 厘米 ×43.18 厘米 ×30.48 厘米；1 件毛重 102.9 千克，体积 82.55 厘米 ×38.73 厘米 ×24.77 厘米。求计费重量。

2. 10 件货组成一票，有轻有重，分为两类包装，求计费重量。

A：重量 30 千克，体积 90 厘米 ×50 厘米 ×70 厘米（3 件）

B：重量 30 千克，体积 70 厘米 ×50 厘米 ×40 厘米（7 件）

六、论述题

1. 简述空运货物的进出口流程。

2. 航空运输存在的优势和局限性有哪些？

3. 简述国际空运普通货物定价原则。

七、案例题

2002 年 6 月，浙江 F 出口公司与印度 Y 进口商达成一笔总金额为 6 万多美元的羊绒纱出口合同，合同中规定的贸易条件为“CFR NEW DELHI BY AIR”。支付方式为 100% 不可撤销即期信用证，装运期为当年 8 月间自上海空运至新德里。合同订立后，进口方按时通过印度一家商业银行开来信用证，通知行和议付行均为国内某银行，信用证中的价格术语为“CNF

NEW DELHI”，出口方当时对此并未太在意。他们收到信用证后，按规定发运了货物，将信用证要求的各种单据备妥交单，并办理了议付手续。然而，国内议付行在将有关单据寄到印度开证行不久即受到开证行的拒付通知书，拒绝理由为单证不符：商业发票上的价格术语为“CFR NEW DELHI”与信用证中的“CNF NEW DELHI”不一致。得知这一消息后，出口方立即与进口方联系要求对方付款赎款单；同时通过国内议付行向开证行发出电传，申明该不符点不成立，要求对方按照《UCP 500》的规定及时履行偿付义务。但进口方和开证行对此都置之不理，在此情况下，出口方立即与货物承运人联系，其在新德里的货运代理告知该批货物早已被收货人提走。在如此被动的局面下，出口方最终不得不同意降价 20% 了结此案。

请问：本案例给我们的启示。

单元1 货物运输概述

单元2 公路货物运输

单元3 铁路货物运输

单元4 航空货物运输

单元5 水路货物运输

单元6 多式联运

单元7 货物运输单证和风险管理

单元 5　水路货物运输

本单元学习目标

1. 了解水路货物运输的概念及特点
2. 熟悉水路货物运输的分类、优劣势
3. 熟悉水路货物运输的设施和工具
4. 了解水路货物运输涉及的当事人及相关服务
5. 了解水路货物运输的货物种类
6. 掌握水运运价结构
7. 掌握水路货物运输进出口委托作业流程

一、判断题（本类题型所包含的每道小题都只有正确或错误的一种答案，你认为正确的请在答题卡对应的题号上涂 A，错误的涂 B。）

1. 水路货物运输是以船舶为主要运输工具、以港口或港站为运输基地、以水域（海洋、河、湖等）为运输活动范围的一种客货运输，在蒸汽机用于交通动力后出现。（　　）

2. 沿海运输是指使用船舶通过大陆附近沿海航道运送货物的水运方式。（　　）

3. 近海运输是指使用船舶通过大陆邻近国家海上航道运送货物的水运方式。（　　）

4. 远洋运输是指使用船舶跨越大洋的长途运输的水运方式。（　　）

5. 海洋运输简称“海运”，指的是使用船舶等水运工具经海上航道运送货物。（　　）

6. 内河运输简称“河运”，指的是使用船舶和其他水运工具，在国内的江、河、湖泊、水库等天然或是人工水道运送货物。河运方式在欧洲的利用率非常低。（　　）

7. 与其他运输方式相比较，水路货物运输所受的限制比较小，成本低、对环境的污染明显大于空运和公路运输，因此具有其他运输方式不可替代的作用。（　　）

8. 港口是航运的起点和终点。船只的补给，旅客的上下、货物的装卸和船舶的检修都在港口进行。（　　）

9. 集装箱运输只是将各种杂货集装于具有统一长、宽规格而高度则无须统一的箱体内进行运输。（　　）

10. 集装箱只可以装船利用水路货物运输，不可以通过铁路、公路运输。（　　）

11. 集装箱最早用于水上运输，是运输史上一大技术革命。（　　）

12. 集装箱轮其实就是一个庞大的可移动仓库。（　　）

13. 水路货物运输的技术经济特征是载重量大、成本低、投资省，但灵活性小，连续性也差。（　　）

14. 水路货物运输分为海洋运输和内河运输两种类型。（　　）

15. 集装箱运输支持了从托运人的仓库直接送到收货人的仓库的“门到门”物流服务，使得供应链上货物的流动更加顺畅。（　　）

16. 集装箱船可分为全集装箱船和半集装箱船两种，其结构和形状与常规散杂货船没有明显不同。(　　)

17. 集装箱船一般停靠专用码头，用专门吊车装卸，效率非常高，因此为现代水运业所普遍采用。(　　)

18. 部分集装箱船是仅以船的中央部位作为集装箱的专用舱位，其他舱位仍装普通杂货。(　　)

19. 全集装箱船是指专门用以装运集袋箱的船舶。(　　)

20. 可变换的集装箱船的货舱，不可以根据需要随时改变设施。(　　)

21. 船舶由船壳、船架、甲板、船舱、驾驶台和轮机等构造和设备构成。(　　)

22. 集装箱船在 19 世纪 60 年代就已成熟定型。(　　)

23. 第一代集装箱船舶可装载 700 ~ 1000 标准集装箱（TEU）。(　　)

24. 第二代集装箱船舶的集装箱装载数为 1800 ~ 2100TEU。(　　)

25. 第三代集装箱船舶集装箱的装载数达到了 3000TEU。(　　)

26. 第四代集装箱船舶装载总数增加到 4000TEU。(　　)

27. 第五代集装箱船舶可装载 4500TEU。(　　)

28. 第六代集装箱船舶可装载 8000TEU。(　　)

29. 水路货物运输中接受服务的有托运人和收货人。(　　)

30. 水路货物运输中提供服务的有船务代理和货运代理。(　　)

31. 承运人是本人或者委托他人以本人名义与托运人订立海上货物运输合同的人。(　　)

32. 班轮运输以固定的船舶，按照以运行周期为依据编制的船期表上的挂离港日期组织船舶运行，即定期定港班轮运输。(　　)

33. 非班轮运输是不定期、不定港、不定船的不定线运输，除固定的几个港口外，其余港口视货源情况决定挂靠与否，事先不能编制一定期间的船期表。(　　)

34. 在班轮运输中承运人和货主之间要签订租船合同以此处理运输中有关问题。(　　)

35. 在班轮运输中承运人通常要求托运人送货至其指定的码头仓库或堆场交货，收货人在承运人指定的码头仓库或堆场提货。(　　)

36. 在班轮运输中班轮承运人负责包括装、卸货物及理舱在内的作业，但不负担全部费用。(　　)

37. 班轮运输一般有固定港口、固定航线、固定开航时间，不计滞期费和/或速遣费，班轮运费相对稳定。(　　)

38. 班轮运输的形式随着集装箱运输的出现和发展，普通杂货航线基本被集装箱航线所取代。(　　)

39. 针对运行组织的班轮航线中普通杂货航线通常采用以干、支线结合为主，集装箱航线则多港挂靠结构。(　　)

40. 针对所跨区域的班轮航线包括沿海航线、近洋航线、远洋航线。(　　)

41. 针对航行线路的班轮航线仅有往返式航线。(　　)

42. 往返式航线是指以某一环形线路为航行路线。(　　)

43. 环状航线是以始发港和目的港为两端点港来回运行的航线。(　　)

44. 现在经营国际航线的承运人基本选择环状航线提供服务。(　　)

45. 订舱代理不一定是船务代理，也可以是接受船公司委托的货运代理。(　　)

46. 船东代理受船东的委托，为船东代办与在港船舶有关的事项，诸如清关、安排拖轮、引航员及装卸货物等业务。(　　)

47. 相对于其他运输模式，水路货物运输的特点是运输距离长、运费低、运输时间长、运输风险比较大，适合于非紧急的运输服务。(　　)

48. 海运运价主要由运费、杂费及附加费构成。(　　)

49. 班轮运费是根据班轮公司的运价表计算的。(　　)

50. 国际贸易中涉及的矿石，煤炭，粮食，化肥，钢材等大宗商品以及国内江河航线上的货物用集装箱来装运，其他货物基本使用散货船运输。(　　)

51. 承运人承揽散杂货运输的运价表一般根据商品的不同种类和性质，以及装载和保管的难易而划分为若干个等级。(　　)

52. 集装箱分为普通干货箱和特种集装箱。(　　)

53. 海运拼箱货是指将同一托运人的不同货物装入一个集装箱内的货物。(　　)

54. 海运费的构成一般是“基本运费 + 附加费”。(　　)

55. 拼箱的做法可以使得拥有不足一个整箱货的托运人在共用一个集装箱时，可以分担一个整箱的运费。(　　)

56. 托运人的出口委托作业流程的第一项是托运人确定一家合适的货运代理之后，要缮制出口委托书，进行委托。(　　)

57. 货运代理出口作业流程中代理方必须帮助托运人代办报检报验。(　　)

58. 收货人进口委托作业流程中能够委托货运代理办理的业务尽量委托其办理，只要把费用核实、风险控制妥当即可，这样收货人可以节省很多精力和时间。(　　)

59. 一个好的货运代理应该具有处理各项业务的议价能力、操作能力和沟通能力，以便为委托人提供良好的服务。(　　)

60. 在海运附加费中因商品特点不同而增收的附加费可以有超重附加费、超长附加费和洗舱费等。(　　)

61. 在海运附加费中因港口不同情况而增收的附加费可以分为港口附加费、港口拥挤费、选港费、直航附加费等。(　　)

62. 在海运附加费中因其他原因而临时增加的附加费可以有燃油附加费、紧急燃油附加费、贬值附加费、反恐附加费以及港口附加费等。(　　)

二、单选题（本类题型所包括的每道小题只有一个正确答案，请在给出的选项中选出正确答案。）

1. 水路货物运输基地是（　　）。

A. 机场　　B. 车站　　C. 港口或港站　　D. 码头

2. 水路货物运输是以水域（海洋、河、湖等）为运输活动范围的一种（　　）。

A. 客货运输　　B. 货物运输　　C. 旅客运输　　D. 海洋运输

3. 海洋运输指的是使用船舶等水运工具经（　　）。

A. 江运送货物　　B. 河运送货物

C. 天然或人工水道运送货物　　D. 海上航道运送货物

4. 港口吞吐能力又称为（　　）。

A. 港口吞吐量　　B. 港口负荷量　　C. 港口通过率　　D. 港口通过能力

5. 港口最大吞吐量表示的单位是（　　）。

A. 吨　　B. 千克　　C. 立方米　　D. 公斤

6. 港口在一定时期内为船舶装卸货物所能达到的最大数量称为（　　）。

A. 最大吞吐量　　B. 平均吞吐量　　C. 港口负荷量　　D. 港口通过量

7. 集装箱运输支持了从托运人的仓库直接送到收货人的仓库的（　　）。

A. “点对点”物流服务　　B. “门到门”物流服务

C. “库对库”物流服务　　D. “车到车”物流服务

8. 集装箱最早用于（　　）。

A. 海上运输　　B. 航空运输　　C. 陆上运输　　D. 水上运输

9. 改造第一艘集装箱船的国家是（　　）。

A. 美国　　B. 英国　　C. 中国　　D. 日本

10. 水路货物运输的主要运输工具是（　　）。

A. 船舶　　B. 汽车　　C. 飞机　　D. 火车

11. 集装箱船得到迅速发展，已成熟定型的年代是20世纪（　　）年代。

A. 60　　B. 70　　C. 80　　D. 90

12. 集装箱船装卸速度快，停港时间短，采用高航速，其航速通常为每小时（　　）。

A. 20～23海里　　B. 21～23海里　　C. 20～25海里　　D. 20～21海里

13. 沿海短途航行的集装箱船的航速在每小时（　　）。

A. 5海里左右　　B. 10海里左右　　C. 15海里左右　　D. 16海里左右

14. 第一代集装箱船舶的集装箱装载数为（　　）。

A. 500～700TEU　　B. 700～1000TEU　　C. 1000～1100TEU　　D. 1100～1300TEU

15. 第二代集装箱船舶的集装箱装载数增加到（　　）。

A. 500～700TEU　　B. 700～1000TEU　　C. 1800～2000TEU　　D. 2000～3000TEU

16. 第三代集装箱船舶集装箱的装载数达到了（　　）。

A. 3000TEU　　B. 4000TEU　　C. 4500TEU　　D. 5000TEU

17. 被称作高效节能型船的集装箱船舶是（　　）。

A. 第一代　　B. 第二代　　C. 第三代　　D. 第四代

18. 第四代集装箱船舶集装箱装载总数增加到（　　）。

A. 3000TEU　　B. 3200TEU　　C. 4000TEU　　D. 4400TEU

19. 第五代集装箱船舶可装载集装箱（　　）。

A. 4800TEU　　B. 5000TEU　　C. 6000TEU　　D. 7000TEU

20. 第六代集装箱船拉开了巨型集装箱船的序幕，在21世纪初可装载集装箱的个数是（　　）。

A. 7000TEU以上　　B. 8000TEU以上　　C. 9000TEU以上　　D. 10000TEU以上

21. 部分集装箱船装载集装箱的部位是（　　）。

A. 船的中央　B. 船的左右两侧　C. 船的前后两部　D. 船的四周

22. 船的货舱可以根据需要随时改变设施，既可装运集装箱，也可以装运其他普通杂货，以提高船舶的利用率，这种船是（　）。

A. 部分集装箱船　B. 全集装箱船　C. 可变换的集装箱船　D. 以上三种都可以

23. 几乎涉及与货物运输相关的所有当事人，包括托运人、收货人、承运人、船务代理以及货运代理等，这种运输方式是（　）。

A. 公路货物运输　B. 水路货物运输　C. 航空货物运输　D. 以上三种都可以

24. 本人或者委托他人以本人名义与托运人订立海上货物运输合同的人是（　）。

A. 托运人　B. 委托人　C. 收货人　D. 承运人

25. 班轮运输以固定的船舶，按照以运行周期为依据编制的船期表上的挂离港日期组织船舶运行，这种运输是（　）。

A. 定港班轮运输　B. 定期班轮运输　C. 定线班轮运输　D. 定期定港班轮运输

26. 班轮运输仅按船公司签发的提单，处理运输中有关问题，承运人和货主之间不签订（　）。

A. 租船合同　B. 合同　C. 租赁合同　D. 买卖合同

27. 水路货物运输中接受服务的有（　）。

A. 收货人　B. 托运人　C. 承运人　D. 托运人和收货人

28. 水路货物运输中提供服务的有（　）。

A. 承运人、船务代理和货运代理　B. 货运代理

C. 承运人　D. 船务代理和货运代理

29. 非班轮运输是不定期、不定港、不定船的定线运输，除固定的几个港口外，其余港口视货源情况决定挂靠与否，事先不能编制一定期间的（　）。

A. 计划表　B. 运输表　C. 船期表　D. 线路表

30. 针对所跨区域的班轮航线可以分为近洋航线、远洋航线以及（　）。

A. 内河航线　B. 海洋航线　C. 客运航线　D. 沿海航线

31. 以始发港和目的港为两端点港来回运行的航线称为（　）。

A. 内河航线　B. 海洋航线　C. 客运航线　D. 往返式航线

32. 以某一环形线路为航行路线称为（　）。

A. 内河航线　B. 环状航线　C. 客运航线　D. 往返式航线

33. 现在经营国际航线的承运人基本选择提供服务的航线是（　　）。

A. 内河航线　　B. 环状航线　　C. 客运航线　　D. 往返式航线

34. 水路货物运输的货物大部分属于（　　）。

A. 进出口货物　　B. 非贸货物　　C. 贸易货物　　D. 进出口或者非贸货物

35. 海运运价构成是（　　）。

A. 运费及附加费　　B. 杂费及附加费

C. 运费及杂费　　D. 运费、杂费及附加费

36. 散货运费收取的标准是根据货物的（　　）。

A. 尺码　　B. 等级　　C. 吨　　D. 等级及尺码/吨

37. 在同一航线内，船公司收取的基本费率不同，主要由于商品的（　　）。

A. 尺码不同　　B. 等级不同　　C. 体积不同　　D. 重量不同

38. 水路货物运输主要涉及（　　）。

A. 进口作业　　B. 出口作业　　C. 水上作业　　D. 进出口作业

39. 海运附加费中因商品特点不同而增收的附加费有超重附加费、超长附加费以及(　　)。

A. 洗舱费　　B. 港口附加费　　C. 港口拥挤费　　D. 直航附加费

40. 海运附加费中因港口不同情况而增收的附加费，包括港口附加费、港口拥挤费、选港费以及（　　）。

A. 洗舱费　　B. 超重附加费　　C. 超长附加费　　D. 直航附加费

三、多选题（本题型所包含的每道小题都有不止一个正确答案，请选出你认为正确的答案，错选和多选者本小题不得分，少选但选项正确的可得到相应的分数。）

1. 水路货物运输的技术经济特征是（　　　）。

A. 载重量大　　B. 成本低　　C. 投资省　　D. 灵活性小　　E. 连续性差

2. 水路货运的货物的特点是（　　　）。

A. 大宗　　B. 低值　　C. 笨重　　D. 轻便　　E. 各种散装

3. 与其他运输方式相比，水路货物运输特点是（　　　）。

A. 开发利用涉及面较广　　B. 对综合运输的依赖性较大

C. 是开展国际贸易的主要方式　D. 是发展经济和友好往来的主要交通工具

E. 对综合运输的依赖性较小

4. 水路货物运输分为（　　）。

A. 海洋运输　B. 内河运输　C. 沿海运输　D. 船舶运输　E. 近海运输

5. 海运可以细分为（　　）。

A. 船舶运输　B. 近海运输　C. 沿海运输　D. 远洋运输　E. 内河运输

6. 水路货物运输的优势有（　　）。

A. 成本低，载重量大　B. 通过能力大，耗能少，投资省

C. 对综合运输依赖性较大　D. 受自然条件影响小

E. 少占或不占农田；对综合运输的依赖性较大

7. 水路货物运输的局限性是（　　）。

A. 载重量大；受自然条件的限制与影响大　B. 运输速度低　C. 运费高

D. 连续性差；有的地方要加宽河道、疏浚、挖深或沟通　E. 灵活性小

8. 可在港口进行的活动有（　　）。

A. 船只的补给　B. 旅客的上下　C. 货物的装卸

D. 船舶的检修　E. 集装箱的卸载

9. 集装箱可以运输的方式有（　　）。

A. 装船利用水路货物运输　B. 航空运输　C. 铁路运输

D. 公路运输　E. 管道运输

10. 船舶的构造是（　　）。

A. 船壳　B. 船架　C. 甲板、船舱　D. 驾驶台　E. 轮机

11. 集装箱船舶的类型包括（　　）。

A. 部分集装箱船　B. 全集装箱船　C. 可变换的集装箱船

D. 不可变换的集装箱船　E. 普通集装箱船

12. 集装箱船可以分为（　　）。

A. 小型支线船和大型支线船　B. 灵便型船和中型支线船

C. 灵便型船和次巴拿马型船　D. 巴拿马型船和超巴拿马型船

E. 中型支线船和特大型支线船

13. 水路货物运输几乎涉及与货物运输相关的所有当事人，包括（　　）。

A. 托运人　　B. 收货人　　C. 承运人　　D. 船务代理　　E. 货运代理

14. 非班轮运输是（　　）。

A. 不定期的运输　　B. 不定港的运输　　C. 不定线的运输

D. 定线的运输　　E. 不定船的运输

15. 班轮运输形式主要是（　　）。

A. 承运人和货主之间不签订租船合同，仅按船公司签发的提单，处理运输中有关问题

B. 承运人通常要求托运人送货至其指定的码头仓库或堆场交货，收货人在承运人指定的码头仓库或堆场提货

C. 班轮承运人负责包括装、卸货物及理舱在内的作业，并负担全部费用

D. 班轮运输一般有固定港口、固定航线、固定开航时间，不计滞期费和/或速遣费，班轮运费相对稳定

E. 班轮运输一般没有固定港口、固定航线、固定开航时间，不计滞期费和/或速遣费，班轮运费相对稳定

16. 针对运输对象的班轮航线有（　　）。

A. 普通杂货航线　B. 集装箱航线　C. 客运航线　D. 半集装箱航线　E. 沿海航线

17. 针对所跨区域的班轮航线有（　　）。

A. 沿海航线　　B. 近洋航线　　C. 内海航线　　D. 内河航线　　E. 远洋航线

18. 针对航行线路的班轮航线可分为（　　）。

A. 往返式航线　　B. 环状航线　　C. 远洋航线　　D. 内河航线　　E. 单程航线

19. 不定期船船务代理可以分为（　　）。

A. 船东代理、承租人提名代理　　B. 船舶经营人代理、保护代理

C. 船务管理代理　　D. 定期船总代理　　E. 不定期船总代理

20. 船务代理的主要服务内容有（　　）。

A. 该代理通常应为班轮制作船期公告；办理船舶进出港口的申报手续，联系安排船舶引航、泊位、扫洗舱、熏舱、修理、检验以及燃料、淡水、伙食、物料等的供应

B. 代揽货载、代订舱位、联系安排货物装卸、监装监卸、理货、熏蒸、衡量、检验、整理、改装、驳运、储存、收发并洽办货物联运中转；办理集装箱，滚装船进出港口申报手续、联系安排集装箱拆装箱、车辆装卸、检验、修理、扫洗、储存以及洽办集装箱联运中转

C. 办理期租船交接工作；代签提单和有关运输文件，签发货物和集装箱交接单证；管理

船务和集装箱以及集装箱的追踪；洽办货物理赔，船舶海事处理，联系海上救助

D. 联系申请海员证，办理船员调换、遣返、就医、旅游及其他服务项目，代购代转船用产品、物料、邮件及船员信件

E. 计算运费，代收代付运费及各类款项，办理船舶速遣费和滞期费的结算；办理委托人委办的其他事项

21. 适合水运的货物有（　　）。

A. 普通干货　　B. 冷冻、冷藏货，危险品　　C. 鲜活货物，液态货物

D. 超长、超宽、超高、超重的大件货物　　E. 价值贵重的物品

22. 海运运价的构成是（　　）。

A. 运费　　B. 杂费　　C. 附加费　　D. 税费　　E. 保险费

23. 国际贸易中涉及用散货船来装运的货物有（　　）。

A. 矿石、煤炭　　B. 粮食、化肥　　C. 钢材等大宗商品

D. 原油　　E. 国内江河航线上的货物

24. 散货基本运费的计算标准可以有（　　）。

A. 重货一般按重量吨计收运费　　B. 轻泡货按运费吨计收

C. 有些价值高的商品按 FOB 货值的一定百分比计收

D. 有的商品按混合办法计收　　E. 尺码吨计收

25. 船舶的种类包括（　　）。

A. 客货船　　B. 杂货船　　C. 干散货船　　D. 冷藏船　　E. 滚装船

26. 第三代集装箱船舶的特点是（　　）。

A. 航速降低至 20 ~ 22 节　　B. 增大了船体尺寸　　C. 装载数达到了 3000TEU

D. 产生于 20 世纪 60 年代　　E. 装载总数增加到 4400 TEU

27. 按所跨区域划分的班轮航线包括（　　）。

A. 沿海航线　　B. 往返式航线　　C. 近洋航线　　D. 远洋航线　　E. 环状航线

28. 水路货物的运输基地是（　　）。

A. 港口　　B. 船舶　　C. 码头　　D. 海域　　E. 港站

29. 一个好的货运代理应具备的能力是（　　）。

A. 议价能力　　B. 操作能力　　C. 沟通能力　　D. 办公能力　　E. 领导能力

四、情景问答题（请简要回答下面的问题）

1. 有一批货物共1000箱，自A国港口装运至B国某港口，承运人签发了“已装船清洁提单”，但货运到目的港后，收货人发现下列情况：①少10箱货；②20箱货的包装严重破损，内部货物大部分散失；③50箱货物包装外表完好，但箱内货物短少。试问上述三种情况是否应属承运人的责任？为什么？

2. 我公司与外商签订销售合同，出售中国大米10000吨，合同规定：“自2月份开始，每月装船1000吨，分十批交货。”卖方从2月份开始交货，但交至第五批大米时，大米品质霉变，不适合人类食用，因而买方以此为由，主张以后各批均应撤销。在上述情况下买方能否主张这种权利？为什么？

3. 某载货船舶在航行过程中突然触礁，致使部分货物遭到损失，船体个别部分受损，船板产生裂缝，急需补漏。为了船货的共同安全，船长决定修船，为此将部分货物卸到岸上并存舱，卸货过程中部分货物受损，事后统计，这次事件造成的损失有：①部分货物因船触礁而损失。②卸货费、存舱费及货物损失。从以上各项损失的性质来看，这次事件属于什么海损？

4. 我某外贸公司与荷兰进口商签订一份皮手套合同，价格条件为“CIF鹿特丹”，向中国人民保险公司投保了一切险，生产厂家在生产的最后一道工序将经过高温处理的成品手套检验后，用牛皮纸包好装入双层瓦楞纸箱，再装入20尺的集装箱，货物到达鹿特丹后检验结果表明：全部货物湿、霉、变色、沾污，损失价值达80000美元。据分析：该批货物的出口地不异常热，进口地鹿特丹不异常冷，运输途中无异常，完全属于正常运输，试问：①进口商对受损货物是否支付货款，为什么？②你认为出口商应如何处理此事？

5. 广州某厂从英国进口货物一批，英商应我方的要求，将货物交给指定运送人经荷兰船运到广州。但在卸货时发生短缺，据船公司回答，所有短缺货物已卸在香港，将安排运回广州，约过了20天，又发现所短缺货物未全部运来，而且又无法查清货物究竟在何处，致使该厂的生产计划拖延，生产受到损失。问：船公司应付何责任？

6. 甲公司想要出口一批货物，专业物流公司建议甲公司可以采用集装箱运输，但是甲公司的负责人并不了解集装箱运输，请你用专业知识简要回答集装箱运输的特点。

五、论述题

1. 请分析讨论水路货物运输的特点及其优势与局限性。

2. 假设有一票出口货物采用班轮运输的方式经中国主要港口海运至欧洲主要港口，请分析讨论该操作流程。

3. 请分析比较代表托运人（出口商）完成的工作和代表收货人（进口商）完成的工作分别有哪些？

4. 一家公司想要出口一批货物需要办理托运，那么请分析这家公司在办理托运过程中有哪些流程？

六、案例题

年营业额高达24亿美元的东方海外国际有限公司（以下简称东方海外）的主要业务分成两块，一是国际集装箱运输；二是物流集装箱码头业务和物业发展。前不久美国一家航运杂志评出的全球集装箱承运人排名表中东方海外被列为第12名。

众所周知，运输与仓储设施共同组成了物流业的基础平台，东方海外在中国的发展就是由货物运输开始起步的，而利用信息网络技术在运输企业和货运配载服务企业之间搭建起有效的信息桥梁，实现资源共享，则是东方海外的又一个主攻方向。基于这种需求日益迫切，东方海外把以货运配载市场为切入点的货运信息网相继建立起来，他们立足于网络与传统产业的最佳结合，目标是在全国范围内形成一个高效、通畅、可调控的物流体系，其公路运输网络化体系由无数个地面代理中心及其营业点组成，各配送中心有统一标识，并引进电脑网络化管理对装卸、搬运、保管等过程实施标准化操作。

随着中国经济在世界经济板块的重要性日益明显，懂得国际集装箱运输市场游戏规则的东方海外在泛太平洋航线上经营的集装箱船的数量始终保持不少于9艘，这9艘集装箱船舶均在每一个航次中都要停靠中国香港、中国大陆沿海的几大港口。但是这9艘集装箱船舶不一定每次都停靠日本港口和华南港口，如此调度航线的目的就是要在保持集装箱船舱位利用率的前提下，尽量合理缩短泛太平洋集装箱班轮航线的班期，同时充分发挥东方海外日本快航班轮和东方海外华南快航班轮的优势，把来自日本和华南的集装箱货物集中到香港转口，从而帮助香港维持其华南门户的历史性传统地位。

在过去的几年中，东方海外物流公司在中国和其他亚洲地区发展和开拓的过程中从来没有放松过电子数据交换在物流经营管理方面的应用。

信息技术是实现物流网络控制的必备条件，物流网络的建设将完全依赖因特网将总部和所有配送中心联结起来具备信息采集与传输、业务管理、客户查询及业务跟踪等各项功能。

现代物流的运作也离不开高科技，如自动化分检和控制库存等，设计也相当复杂。东方海外认为，要想突破目前采购、配送等电子物流的瓶颈，必须依靠整个物流体系的信息化构建。而企业资源计划系统中极重要的一环也正是物流与资金流的集成。相应地，要从物流体系的完善过程中寻找到电子物流发展的突破口，也必然要求物流企业朝着智能化、信息化、网络化的方向不断努力。这样通过电子物流，企业可以用很低的成本适时了解到供应商、零部件商的价格、质量，并通过全球采购系统保证供应，借助专业的物流配送系统完成发送，达到产业价值链的垂直分解。

请问：

（1）利用所学知识分析集装箱船舶有哪些类型？

（2）案例中的企业之所以在物流行业发展得很好是由于其技术与管理相配合，试分析，该企业的成功有哪些值得其他企业借鉴的地方？

单元1 货物运输概述

单元2 公路货物运输

单元3 铁路货物运输

单元4 航空货物运输

单元5 水路货物运输

单元6 多式联运

单元7 货物运输单证和风险管理

单元6　多式联运

本单元学习目标

1. 理解国内国际多式联运的概念
2. 了解国内多式联运的现状和发展趋势
3. 了解国际多式联运的发展及经营条件
4. 熟悉国际多式联运的形式
5. 掌握国际多式联运的运作流程
6. 了解国际多式联运的费用构成
7. 熟悉相关国际多式联运公约和规则
8. 了解国际联运经营人的责任

一、判断题（本类题型所包含的每道小题都只有正确或错误的一种答案，你认为正确的请在答题卡对应的题号上涂 A，错误的涂 B。）

1. 国内多式联运一般是以某种运输方式为主，其他运输方式为辅，完成从起运点到交付点的运输方式。（　　）

2. 国内联运的产生源于第四方物流企业的服务要满足客户需求的理念，为满足客户“门到门”的服务需求而开发的服务产品。（　　）

3. 早在 1963 年，我国就出台了关于公路运输与水路运输联合运输的文件。（　　）

4. 对于集装箱运输的管理、内陆集装箱中转站、货物安全标准、国际船代、国际货运代理等，我国还没有具体的专门规定。（　　）

5. 与国外较为成熟的多式联运系统相比，我国的多式联运系统在“联”的方面还很欠缺。（　　）

6. 我国多式联运发展相比较于其他发达国家而言，还是相对落后，发展比较缓慢。（　　）

7. 我国《海商法》和《合同法》虽然对多式联运作了规定，无须改进。（　　）

8. 目前大量的集装箱是通过海运—空运组合连续运输。（　　）

9. 我国的多式联运系统中联运单证也由船公司或其代理人签发，已经形成统一的多式联运经营人网络。（　　）

10. 广大内陆地区运输的货物以煤、铁、矿石等大宗原材料为主，适箱货源所占比重较低。（　　）

11. 我国对运输的管制政策并不宽松，一些具体的运输政策与发展多式联运还不相适。（　　）

12. 船舶的出现又将国际多式联运向前推进了一大步。（　　）

13. 国际多式联运是指按照多式联运合同，以至少两种不同的运输方式，由多式联运经营人将货物从一国境内接管货物的地点运至另一国境内指定地点交付的货物运输。（　　）

14. 国内多式联运是未来国际货物运输发展的方向。(　　)

15. 国际多式联运能够简化托运、结算及理赔手续，节省费用。(　　)

16. 国际多式联运可能会延长货物运输时间，减少货损货差，提高货运质量。(　　)

17. 国际多式联运能够提高运输管理水平，实现运输合理化。(　　)

18. 国际多式联运对货物运输全过程的控制不利于供应链管理。(　　)

19. 国际多式联运的运输过程中可以获得较大的运费收入。(　　)

20. 国际多式联运有助于引进新的先进运输技术，有利于环保。(　　)

21. 我国国际多式联运发展中全球运输网络有待建立和完善，但是基础设施设备无须改进和完善。(　　)

22. 我国国际多式联运发展中各种运输方式自成体系，区域间联合运输协调能力不够，难以统一规划和调度且集装箱货运站区域分布不合理。(　　)

23. 我国国际多式联运发展中多数物流中心功能比较齐全，但是无法提供国际多式联运服务，有待政府出台对国际多式联运发展的鼓励政策。(　　)

24. 国际多式联运经营人不仅是订立合同的当事人，也是单证的签发人。(　　)

25. 在多式联运经营人履行多式联运合同所规定的运输责任时，可将全部或部分运输委托分承运人完成，并订立分运合同，同时，分运合同的承运人与托运人之间不存在任何合同关系。(　　)

26. 国际多式联运经营人必须具备取得从事国际多式联运的资格但是无须拥有国际多式联运线路以及相应的经营网络。(　　)

27. 国际多式联运经营人必须拥有必要的运输设备，尤其是场站设施和运输工具同时也必须拥有雄厚的资金和良好的商誉。(　　)

28. 国际多式联运经营人必须拥有符合规定要求的国际多式联运单据并且具备经营国际多式联运线路的运价表。(　　)

29. 国际多式联运经营人通常可以独立经营、联营、委托运输等方式开展业务活动。(　　)

30. 国际多式联运无须是对一票货物采用两种或两种以上不同运输方式完成的国家间的连贯运输。(　　)

31. 国际多式联运可综合利用各种运输方式的优点，充分体现社会化大交通的特点。(　　)

32. 海陆联运是国际多式联运的主要形式之一。(　　)

33. 海陆联运主要是以航运公司为主体，签发联运提单，与航线两端的内陆运输部门合作，开展联运业务，其竞争对手是陆桥运输。(　　)

34. 陆桥运输（Land Bridge Service）是远东/欧洲或美洲国际多式联运的主要形式。(　　)

35. 陆桥运输其实是一种陆空联运形式。(　　)

36. 西伯利亚大陆桥是世界上最长的一条陆桥运输线。(　　)

37. 北美大陆桥运输是利用北美的铁路从远东到欧洲的“海—陆—海”联运，包括美国大陆桥运输和加拿大大陆桥运输。(　　)

38. 北美大陆桥是世界上最长的陆桥运输线。(　　)

39. 小陆桥运输从运输组织方式上看与大陆桥运输并无大的区别，只是其运送货物的目的地为沿海港口。(　　)

40. 微桥运输与小陆桥运输基本相似，只是其交货地点在沿海地区。(　　)

41. 海空联运又称为空桥运输（Airbridge Service）。空桥运输与陆桥运输的不同之处在于空桥运输的货物通常要在航空港换入航空集装箱。(　　)

42. 运输距离越远，采用海陆联运的优越性就越大。(　　)

43. 从远东到欧洲、中南美以及非洲的货物运输成为国际海陆联运的主要市场。(　　)

44. 公铁联运不仅可以极大地满足现代物流发展的需要，同时可以有效地结合公路、铁路各自的优势。(　　)

45. 驮背运输（Piggyback Transport）是一种公铁联运方式。(　　)

46. 驮背运输中拖车与拖车的形式是货物装在挂车里，用挂车运到车站。(　　)

47. 陆空货物联运具有到货迅速、运费适中、安全保质、手续简便，并可以提前结汇。(　　)

48. 国际多式联运的运作环节货物运输途中作业，包括跟踪监管、信息反馈、计算费用、集装箱跟踪、租箱还箱等。(　　)

49. 国际多式联运费用中的运输总成本包括集疏运费、港口费、海运运费、集装箱租赁费，但是不包括保险费等。(　　)

50. 国际多式联运费用中的经营管理费主要是多式联运经营人与收货人、各派出机构、代理、实际承运人之间的单证传递费、通信费、单证成本和制单手续费等。(　　)

51. 国际多式联运费用中的经营利润则是多式联运经营人预期从该线路的联运中获得的净利润。(　　)

52. 多式联运提单主要是由承担海运区段运输任务的承运人签发，如果贸易双方同意，并在信用证中明确规定，也可由其他运输区段的承运人签发。(　　)

53. 《多式联运单证规则》由联合国贸易和发展会议会同国际商会于1991年制定，具有强制性，须由当事人在多式联运合同中自愿采纳。(　　)

54. 《联合运输单证统一规则》由国际商会（ICC）于1973年制定，作为民间规则，不具备强制性，须由当事人在多式联运合同中自愿采纳。(　　)

55. 国际多式联运经营人的责任制中的分割责任制目前被广泛采用。(　　)

56. 国际多式联运经营人的责任制中的“统一责任制”是指多式联运经营人对货物灭失、损害负责赔偿的一种制度，按照该种形式的责任制，由签发多式联运单证的人对货物受损人按统一的责任限制负责赔偿。(　　)

57. 目前，大多数国家的多式联运经营人均采用网状责任制。(　　)

58. 按照我国的《海商法》，联运经营人的赔偿责任和责任限额，如果能确定货物灭失或损坏发生的运输区段，则适用该区段的有关法律规定，也即实行“统一责任制”。(　　)

59. 所谓“网状责任制”，是指由签发多式联运单证的人对全程负责，但其损害赔偿的责任与统一责任制规定不同，是按造成该货损的实际运输区段的责任限制予以赔偿。(　　)

60. 《联合国国际多式联运公约》对多式联运单证的定义是：“国际多式联运单证（Multimodal Transport Document，MTD）是指证明多式联运合同以及证明多式联运经营人接管货物并负责按照合同条款交付货物的单证”。(　　)

二、单选题（本类题型所包括的每道小题只有一个正确答案，请在给出的选项中选出正确答案。）

1. 国内多式联运一般是以某种运输方式为主，其他运输方式为辅，完成的运输方式是（　　）。

A. 从起运点到交付点　　B. 从起运点到终点

C. 从起运点到目的地　　D. 从起运点到中转点

2. 国内联运的产生源于（　　）。

A. 第四方物流企业的服务　　B. 委托方物流企业的服务

C. 受托方物流企业的服务　　D. 第三方物流企业的服务

3. “十二五规划”里提到了要发展综合运输体系，将成为未来国内货运的发展趋势的运输方式是（　　）。

A. 水路运输　　B. 航空运输　　C. 海上运输　　D. 多式联运

4. 我国已开展的国际多式联运路线主要包括（　　）。

A. 小陆桥　　B. 北美大陆桥　　C. 西伯利亚大陆桥　　D. 其他微桥

5. 我国对多式联运作了规定的法律是《海商法》和（　　）。

A. 《经济法》　　B. 《合同法》　　C. 《刑法》　　D. 《民商法》

6. 在上海、浙江、江苏和京津塘等沿海省市的多式联运属于（　　）。

A. 海—铁路联运　　B. 海—公路联运　　C. 海—航空联运　　D. 航—公路联运

7. 广大内陆地区运输的货物主要是煤、铁、矿石等大宗（　　）。

A. 原材料　　B. 加工材料　　C. 能源材料　　D. 半成品材料

8. 国际多式联运向前推进了一大步是因为出现了（　　）。

A. 船舶　　B. 飞机　　C. 火车　　D. 集装箱

9. 国际多式联运的运输方式有（　　）。

A. 一种　　B. 两种　　C. 三种　　D. 四种

10. 未来国际货物运输发展的方向是（　　）。

A. 国内多式联运　　B. 水路运输　　C. 航空运输　　D. 国际多式联运

11. 国际多式联运中托运人需要办理的托运次数是（　　）。

A. 一次　　B. 两次　　C. 三次　　D. 多次

12. 国际多式联运能够保证货物安全、迅速、准确、及时地运抵目的地，降低了货物的（　　）。

A. 价值　　B. 库存量　　C. 库存量和库存成本　　D. 库存成本

13. 国际多式联运中货物交由第一承运人以后，即可取得货运单证，并据以结汇的相关方是（　　）。

A. 承运人　　B. 收货人　　C. 托运人　　D. 第三方物流企业

14. 国际多式联运可相应地节省货物的包装、理货和保险等费用的支出，因为货物是置于（　　）。

A. 仓库　　B. 包装箱　　C. 船舶　　D. 集装箱

15. 国际多式联运中运输过程中可以获得较大的（　　）。

A. 运费收入　　B. 保险费收入　　C. 附加费用收入　　D. 包装费收入

16. 国际多式联运中各种运输方式自成体系，区域间主要协调的是（　　）。

A. 海上运输　　B. 航空运输　　C. 公路运输　　D. 联合运输

17. 国际多式联运经营人不仅是订立合同的当事人，也是（　　）。

A. 托运人　　B. 代理人　　C. 委托人　　D. 承运人

18. 国际多式联运经营人开展业务活动的方式是联营、委托运输、（　　）。

A. 代理运输承运人　　B. 委托代理　　C. 独立经营　　D. 独资经营

19. 国际多式联运必须是对一票货物采用（　　）及以上的运输方式。

A. 一种　　B. 两种　　C. 三种　　D. 四种

20. 运输运量大，成本低的运输方式是（　　）。

A. 水路　　B. 公路　　C. 铁路　　D. 航空

21. 运输机动灵活，便于实现货物“门到门”运输需求，这种运输方式是（　　）。

A. 水路　　B. 公路　　C. 铁路　　D. 航空

22. 运输不受气候影响，可深入内陆和横贯内陆，实现长距离运输，这种运输方式是（　　）。

A. 水路　　B. 公路　　C. 铁路　　D. 航空

23. 可以实现货物的快速交付的运输方式是（　　）。

A. 水路　　B. 公路　　C. 铁路　　D. 航空

24. 不同运输方式具有不同优劣势，国际多式联运可综合利用各种运输方式的优点，充分体现（　　）。

A. 快速交付　　B. 运输灵活　　C. 成本低廉　　D. 社会化大交通

25. 以航运公司为主体，签发联运提单，与航线两端的内陆运输部门合作，开展联运业务的国际多式联运的形式为（　　）。

A. 海—陆联运　　B. 海—空联运　　C. 公—铁联运　　D. 陆—空联运

26. 海陆联运的竞争对手是（　　）。

A. 路桥运输　　B. 海空联运　　C. 公铁联运　　D. 陆空联运

27. 世界上最长的一条陆桥运输线是（　　）。

A. 西伯利亚大陆桥　　B. 北美大陆桥　　C. 小陆桥　　D. 欧亚大陆桥

28. 北美大陆桥是利用北美的铁路从远东到欧洲的（　　）。

A. “海—陆—空”联运　　B. “海—陆—海”联运

C. “陆—海—陆”联运　　D. “陆—海—空”联运

29. 世界上历史最悠久、影响最大、服务范围最广的陆桥运输线是（　　）。

A. 西伯利亚大陆桥　　B. 北美大陆桥　　C. 小陆桥　　D. 欧亚大陆桥

30. 小陆桥运输从运输组织方式上看与大陆桥运输并无大的区别，只是其运送货物的目的地为（　　）。

A. 沿海码头　　B. 内陆　　C. 沿海港口　　D. 内陆港口

31. 日本/美东航线，从大阪至纽约全程水运采用小陆桥运输，运输距离仅（　　）。

A. 9700 海里　　B. 9600 海里　　C. 9500 海里　　D. 9400 海里

32. 只是其交货地点在内陆地区，其他与小陆桥运输基本相似的运输是（　　）。

A. 西伯利亚大陆桥运输　　B. 北美大陆桥运输

C. 微桥运输　　D. 欧亚大陆桥运输

33. 海空联运又称为（　　）。

A. 大陆桥运输　　B. 空桥运输　　C. 小陆桥运输　　D. 微桥运输

34. 从远东到欧洲、中南美以及非洲的货物运输成为国际（　　）。

A. 公铁联运的主要市场　　B. 陆空联运的主要市场

C. 海陆联运的主要市场　　D. 海空联运的主要市场

35. 驮背运输是一种（　　）。

A. 公铁联运　　B. 陆空联运　　C. 海陆联运　　D. 海空联运

36. 证明多式联运合同以及证明多式联运经营人接管货物并负责按照合同条款交付货物的单证是（　　）。

A. 国内多式联运单证　　B. 空运单证

C. 海运单证　　D. 国际多式联运单证

37. 常见的 FIATA 联运提单和波罗的海航运公会的多式联运提单属于（　　）。

A. 集装箱提单　　B. 多式联运提单　　C. 空运单证　　D. 海运单证

38. 多式联运提单的签发人是（　　）。

A. 承运人　　B. 托运人　　C. 委托人　　D. 代理人

39. 国际商会（ICC）于 1973 年制定的，不具备强制性，须由当事人在多式联运合同中自愿采纳的民间规则是（　　）。

A.《联合运输单证统一规则》　　B.《联合国国际货物多式联运公约》

C.《多式联运单证规则》　　D.《国际商会单证规则》

40.《多式联运单证规则》，属于民间规则，其适用不具有强制性，须由当事人在多式联运合同中自愿采纳。它是由联合国贸易和发展会议会同国际商会共同制定，其制定的时间是（　　）年。

A. 1981　　B. 1991　　C. 1992　　D. 1993

三、多选题（本题型所包含的每道小题都有不止一个正确答案，请选出你认为正确的答案，错选和多选者本小题不得分，少选但选项正确的可得到相应的分数。）

1. 国内多式联运一般是以某种运输方式为主，其他运输方式为辅，完成从起运点到交付点的运输方式，下面是国内多式联运的有（　　）。

A. 以铁路为主，以公路和水路为辅的联运

B. 以长江水路为主干线，以铁路和公路为辅的联运

C. 以公路为主，以铁路和水路为辅的联运

D. 以公路和水路为主，以铁路为辅的联运

E. 以公路和铁路为主，以水路为辅的联运

2. 我国多式联运的现状是（　　）。

A. 早在1962年，我国就出台了关于公路运输与水路运输联合运输的文件

B. 2000年后，我国加大了与国际多式联运的合作，先后与加拿大、美国等发达国家建立合作关系，开展多式联运的合作与交流

C. 1989年3月，国家科委批准的“七五”国家重点项目“国际集装箱运输系统（多式联运）工业性试验”

D. 1989年3月，国家科委批准的“八五”国家重点项目“国际集装箱运输系统（多式联运）工业性试验”

E. 我国已开展的国际多式联运路线包括经蒙古或苏联至伊朗和往返西、北欧各国的西伯利亚大陆桥运输线

3. 我国多式联运发展相比较于其他发达国家而言，还是相对落后，发展比较缓慢，原因

有（　　　）。

A. 对于集装箱运输的管理、内陆集装箱中转站等，我国还没有具体的专门规定

B. 我国的多式联运系统在“联”的方面还很欠缺

C. 广大内陆地区运输的货物适箱货源所占比重较低

D. 我国对运输的管制政策并不宽松，一些具体的运输政策与发展多式联运还不相适应

E. 我国的多式联运系统在运输方面还很欠缺

4. 多式联运的优越性主要表现在（　　　）。

A. 简化托运、结算及理赔手续，节省费用

B. 缩短货物运输时间，减少货损货差，提高货运质量

C. 提高运输管理水平，实现运输合理化；对货物运输全过程的控制有利于供应链管理

D. 运输过程中可以获得较大的运费收入

E. 有助于引进新的先进运输技术，有利于环保

5. 在国际多式联运中托运人需办理的手续是（　　　）。

A. 只需办理一次托运　　B. 订立一份运输合同　　C. 需要多次办理保险

D. 一次保险　　E. 一次支付费用，省去托运人办理手续的诸多不便

6. 对于托运人来讲其货物在国际多式联运中能够（　　　）。

A. 保证货物安全、迅速、准确、及时地运抵目的地

B. 降低货物的库存量和库存成本

C. 货物交由第一承运人以后，托运人即可取得货运单证

D. 货物置于集装箱

E. 可相应地节省货物的包装、理货和保险等费用的支出

7. 我国国际多式联运发展中的局限体现在（　　　）。

A. 全球运输网络有待建立和完善，基础设施设备尚需改进和完善

B. 各种运输方式自成体系，区域间联合运输协调能力不够，难以统一规划和调度

C. 集装箱货运站区域分布不合理

D. 多数物流中心功能比较单一，无法提供国际多式联运服务

E. 信息化技水平需要提高

8. 我国集装箱货运站的局限性主要体现在（　　　）。

A. 集装箱货运站主要分布在东部沿海地区，呈现运力过剩的现象

B. 内陆缺少集装箱货运站

C. 缺少配套设施设备，不能与集装箱运输系统协调运作

D. 管理体系不完善

E. 集装箱货运站太少

9. 国际多式联运经营人必须具备的条件是（　　　　）。

A. 取得从事国际多式联运的资格，拥有国际多式联运线路以及相应的经营网络

B. 与有关的实际承运人、场站经营人长期合作

C. 拥有必要的运输设备，尤其是场站设施和运输工具

D. 拥有雄厚的资金和良好的商誉，拥有符合规定要求的国际多式联运单据

E. 具备经营国际多式联运线路的运价表

10. 国际多式联运经营人可开展的业务活动是（　　　　）。

A. 独立经营　　B. 联营　　C. 代理运输　　D. 委托运输　　E. 以上方式均可

11. 下列关于运输方式的描述正确的是（　　　　）。

A. 水路运输运量大，成本低

B. 公路运输机动灵活，便于实现货物“门到门”运输需求

C. 铁路运输不受气候影响，可深入内陆和横贯内陆，实现长距离运输

D. 航空运输可以充分体现社会化大交通的特点

E. 国际多式联运可以充分体现社会化大交通的特点

12. 当前，具有代表性的国际多式联运其组织形式主要有（　　　　）。

A. 海—陆联运　　B. 陆桥运输　　C. 海—空联运　　D. 公—铁联运　　E. 陆—空联运

13. 海陆联运是国际多式联运的主要形式之一，其（　　　　）。

A. 主要是以航运公司为主体，签发联运提单

B. 与航线两端的内陆运输部门合作，开展联运业务

C. 其竞争对手是陆桥运输

D. 是以陆运公司为主体

E. 海运公司与陆运公司均为主体

14. 通常陆桥运输是（　　　　）。

A. 采用集装箱专用列车或卡车

B. 把横贯大陆的铁路或公路作为中间“桥梁”

C. 只把横贯大陆的铁路作为中间“桥梁”

D. 把大陆两端的集装箱海运航线与专用列车或卡车运输服务连接起来形成不是十分连贯的运输方式

E. 把大陆两端的集装箱海运航线与专用列车或卡车运输服务连接起来形成连贯的运输方式

15. 西伯利亚大陆桥是（　　）。

A. 世界上最长的一条陆桥运输线，其运输线全长 13000 千米

B. 使用国际标准集装箱，将货物由远东海运到俄罗斯东部港口

C. 再经跨越欧亚大陆的西伯利亚铁路运至波罗的海沿岸等港口

D. 采用铁路、公路或海运运到欧洲各地

E. 采用铁路、公路或空运运到欧洲各地

16. 西伯利亚大陆桥的运输方式包括（　　）。

A. “海—铁—铁”　　B. “海—铁—海”　　C. “海—铁—公”

D. “海—公—空”　　E. “海—海—公”

17. 西伯利亚大陆桥运输线的经营者主要是（　　）。

A. 日本货运代理公司　　B. 中国货运代理公司　　C. 欧洲各国的货运代理公司

D. 美洲货运代理公司　　E. 非洲货运代理公司

18. 北美大陆桥包括（　　）。

A. 美国大陆桥运输　　B. 加拿大大陆桥运输　　C. 西伯利亚大陆桥运输

D. 小陆桥运输　　E. 微桥运输

19. 美国大陆桥有两条运输线路，即（　　）。

A. 从东部大西洋沿岸至东南部墨西哥湾沿岸的铁路和公路运输

B. 从东部大西洋沿岸至东北部墨西哥湾沿岸的铁路和公路运输

C. 从西部太平洋沿岸至东部大西洋沿岸铁路和公路运输线

D. 从西部太平洋沿岸至东南部墨西哥湾沿岸的铁路和公路运输线

E. 从东部大西洋沿岸至东南部墨西哥湾沿岸的铁路运输

20. 目前，国际海空联运线主要有（　　）。

A. 远东—中南美　　B. 远东—欧洲　　C. 中东—欧洲

D. 中东—澳洲　　E. 远东—中近东、非洲、澳洲

21. 驮背运输（Piggyback Transport）是一种公—铁联运方式，主要是（　　）。

A. 将载运货物的公路拖车或集装箱直接开上火车

B. 也称为平板车载运拖车（Trailer on Flat Car，TOFC）

C. 是各种拖车或集装箱相结合的产物

D. 该运输方式运用于铁路货物运输领域，在北美和欧洲十分普遍

E. 置于铁路平车上输送到达目的地再从车板上开下

22. 驮背运输的形式是（　　）。

A. 拖车与挂车　　B. 挂车列车　　C. 铁公路

D. 拖车与列车　　E. 列车

23. 关于驼背运输的拖车与挂车的形式说法正确的有（　　）。

A. 货物装在挂车里，用拖车运到车站

B. 在车站，挂车被装上火车的平板车箱，拖车与挂车分离

C. 在目的地车站，再使用拖车将挂车拖运到收货人的仓库

D. 在目的地车站，再使用挂车将拖车运到收货人的仓库

E. 在车站，托车被装上火车的平板车箱，拖车与挂车分离

24. 关于驼背运输的挂车列车的形式说法正确的有（　　）。

A. 挂车列车是一种公路和铁路两用的挂车

B. 这种公铁两用挂车在公路上用自己的轮子挂在公路拖车后面行驶

C. 到达火车站，将其在公路上行驶时使用的轮子收起来，放上火车轮架，就可以在铁轨上行驶

D. 到达目的地后，又可以还原成公路运输工具，用公路挂车将其运到指定的仓库

E. 到达目的地后，又可以还原成公路运输工具，用公路拖车将其运到指定的仓库

25. 关于驼背运输的铁公路的形式说法正确的有（　　）。

A. 它需要机车、吊车和转辙装置

B. 所谓“铁公路”就是自己有动力，能够行驶和自动装货的火车车厢

C. 它不需要机车、吊车和转辙装置

D. 自带一套独特的装货设备

E. 所谓“铁公路”就是需要一定外力才能够行驶和自动装货的火车车厢

26. 国际多式联运的运作环节中货物运输途中作业的内容有（　　）。

A. 跟踪监管　B. 信息反馈　C. 集装箱跟踪　D. 计算费用　E. 租箱还箱等

27. 国际多式联运费用的构成是（　　）。

A. 运输总成本　B. 经营管理费　C. 经营利润　D. 附加费用　E. 税费

28. 国际多式联运费用中的运输总成本包括（　　）。

A. 集疏运费　B. 港口费　C. 海运运费　D. 集装箱租赁费　E. 保险费等

29. 国际多式联运费用中的经营管理费包括（　　）。

A. 多式联运经营人与发货人、各派出机构、代理、实际承运人之间的单证传递费

B. 多式联运经营人与发货人、各派出机构、代理、实际承运人之间的通信费

C. 多式联运经营人与发货人、各派出机构、代理、实际承运人之间的单证成本

D. 多式联运经营人与发货人、各派出机构、代理、实际承运人之间的劳务费

E. 多式联运经营人与发货人、各派出机构、代理、实际承运人之间的制单手续费等

30. 国际多式联运经营人的责任制有（　　）。

A. 分割责任制　B. 统一责任制　C. 网状责任制　D. 货物赔偿责任制　E. 以上皆是

四、情景问答题（请简要回答下面的问题）

1. 目前，我国的国内多式联运的现状要比国外发达国家落后许多，但是同其他的单一运输方式相比而言，多式联运是未来货物运输方式的发展方向。如果一个企业想要运送一批货物并且愿意选择多式联运的方式，请回答该企业有哪几种选择？

2. 一家公司想要成为国际多式联运经营人，但是经审查由于其不具有国际多式联运线路以及相应的经营网络，因此，该公司无法进行国际多式联运经营。请问想要成为国际多式联运经营人必须要具备哪些条件？

3. 一家企业想要选择国际多式联运的方式进行货物运输，想要将货物从大陆运送到欧洲港口，为了在运送过程中尽可能地降低成本，企业需要提前了解国际多式联运的费用有哪些，请回答国际多式联运的费用是由哪几部分构成？

4. A 公司具备了进行国际多式联运经营人的各种条件，因此 A 公司逐步准备进行国际多式联运经营，但是对于国际多式联运经营人来讲，其在经营过程中要承担一些责任，而不同的责任制经营人所要承担的责任也不同。请介绍三种国际多式联运经营的责任制。

5. 在货物运输中，由于运送的货物的不同所选择的运输方式也不同，甲公司想要运送自身公司的货物并且最终根据自身的情况选择了公铁联运的方式，请回答公铁联运的优点有

哪些？

6. 目前，大多数国家的多式联运经营人均采用网状责任制。按照国际惯列，只有当多式联运合同中明确规定采用这个规则时，该规则才对当事人有约束力。该规则的主要赔偿责任基础采用“推定过失责任制”。多式联运经营人的赔偿责任限额实行“网状责任制”。请回答“网状责任制”在各运输区段中作为依据的法律有哪些？

五、论述题

1. 随着社会的进步发展，多式联运已经逐渐成熟起来，请根据实际情况分析我国多式联运的现状。

2. 就目前我国多式联运的现状来看，我国多式联运存在着一定的问题，请分析存在这些问题的原因是什么？

3. 国际多式联运是未来国际货物运输发展的方向，请分析国际多式联运的优越性主要表现在哪些方面？

六、案例题

交通运输行业是用能大户，也是节能减排的重点领域。2010 年及“十二五”期，交通运输业将加快建立以低碳为特征的交通运输体系。在 2011 年年初的全国交通工作会议，交通运输部部长李盛霖的讲话，仿佛吹响了交通运输行业低碳发展的号角。

这也是吹响高度依赖交通运输而生存的物流业低碳发展的号角。而“低碳物流 = 高效 + 绿色”的理想化公式是否成立？如何达到低碳和效益的平衡？低碳物流管理的新模式、新思维是否有助于完善物流服务体系、提升服务质量？

（一）路径各异

2010 年 5 月 14 日，交通运输部启动了全国“车、船、路、港”千家企业低碳交通运输专项行动。此次专项行动以“车、船、路、港”千家交通运输企业为载体，结合行业特点进一步推进节能减排工作。

其中，“车”将大力推广节能驾驶经验，加强营运车辆用油定额考核，严格执行车辆燃料消耗量限值标准，淘汰高耗能车辆，推广新能源和清洁燃料车辆，推进甩挂运输：“船”将大力推广船型标准化，靠港船舶使用岸电：“路”将大力推广高速公路不停车收费，优化运输组织，推广甩挂运输，公路隧道节能和路面材料再生技术，推进太阳能在公路系统的应用：

“港”将大力推广轮胎式集装箱、门式起重机、“油改电”和船舶使用的岸电建设。

号角已响，物流企业在低碳减排领域，纷纷开始寻找自己的路径起跑。

在航空方面，“碳排放是全球航空业关注的一个焦点问题，民航总局通过与航空公司共同努力降低碳排放。”中国航空运输协会市场研究部部长朱庆宇向记者具体介绍了一些航空减排的做法：不断优化航路，让飞机尽量飞直路，减少飞行距离，来减少碳排放。“积极支持和鼓励民航企业大力使用先进技术、先进设备、先进机型，节能减排。当然，更长远的减排措施则是可替代燃料的研制，像新能源汽车的研发成功就是一个很好的启示。”

在航运方面，航运巨头中海集装箱运输股份有限公司（以下简称中海集运）积极探索节能减排的多种途径，打造低碳航运。丹马士环球物流有限公司（Damco）北亚区供应链发展总经理 MichaelMa 说：“我们把减少排放当做日常业务。我们已经在采取行动减少日常业务的碳排放，例如慢流的海运、改善技术、设备，以及开发新产品、业务优化设计方面都做出了很多努力。”具体的措施如：制定一项问卷调查，以确定客户端对环保的认识水平；基于这项调查结果，可以决定如何定位低碳物流在客户端的开展，开发系统识别和降低供应链的碳减排潜力；找到量身定做的低碳解决方案；开发系统管理碳足迹，并采取行动。根据以上系统得出的报告，了解整个供应链的碳排放量。

此外，众多航运公司开始“试水”小船换大船、减速航行来降低能耗，减少废气排放。对船只的燃油、装卸设备等也提出了“低碳”要求。

在公路货运方面，作为大型公路运输、城际配送、仓储物流的远成集团有限公司也已积极加入到低碳减排的行列中。2011 年 4 月，远成集团开通“广州—海口”第 3 条远成新干线，并开展“倡导低碳绿色物流”活动。8 月 7 日，“呼和浩特—北京”远成新干线正式开通，该新干线是远成集团继 2009 年 10 月开通第一条新干线以来，在国内开通的第 17 条新干线。远成计划到 2010 年年底还将开通 50 条新干线。

远成集团常务董事余为梁接受记者采访时说：“从大环境来看，物流管理水平、服务体系的完善程度、服务质量的优劣程度都将成为对物流企业能力的考评标准；所以物流企业发展高端服务，必须要走低碳化、绿色服务的发展路线。”

运输过程中的燃油消耗和尾气排放，是物流活动造成环境污染的主要原因之一。余为梁向记者介绍，“新干线”是远成物流城际快运的高端产品，采用新的运输模式，实现“站到站”“门到门”的公路快运。“这种点对点的运输方式，不仅节省了时间，同时减少了中间环节，有助于降低运输过程中的能耗。”

此外，远成集团在绿色物流方面作出了积极的探索，对物流系统污染进行控制，利用自身先进物流技术，整合集团资源，优化资源配置，通过高效规划和实施运输、仓储、装卸、配送和包装等物流活动的低能耗、低排放管理；与此同时，远成集团还完成了对所有旧车辆的改装，新购置货车符合欧Ⅲ排放标准，以减少能耗。余为梁还透露，投入新干线的运输车辆为全新长途自有运输车辆，并配有 GPS 全程定位跟踪装置，全程运作中采取集团统一指挥，由总调度台统一管理，全面实行集约化管理模式。

也有相关物流企业负责人介绍，“比如减少货物运输中转，及转运次数，货物运输过程中的碳排放必然会减少”。因此，公司培训物流业务员，向客户介绍和推荐最节约成本、能耗最低的运输方式。要想打造绿色物流，就要对运输线路进行合理布局与规划，通过优化物流配送途径缩短运输路线，提高车辆装载率等措施，实现节能减排的目标。除了利用新技术，加强员工培训，如对驾驶员驾驶速度、驾驶技术和节约资源意识的培训，也可以起到减排的作用。

（二）科学方法

国内部分大型物流企业率先发起低碳行动、实施低碳计划，但仍有众多物流企业在观望——低碳物流能否保证效益，如何解决低碳物流成本与收益间的矛盾？

据相关报道，作为低碳物流领航企业之一的中海集运针对船舶实际情况，运用国内外先进的科学技术，结合大型集装箱船舶的维修工作，分批将船舶的传统防污漆改为新型防污漆，进一步减少船体阻力，每年可节约燃油 11500 吨。中海集运还对新建的部分大型集装箱船主机气缸油注油器进行改造，将原来的机械式注油器改造成 ALPHA 注油器，并对各轮气缸油使用进行指导和监控，使改造后的各轮气缸油油耗较改造前下降 17%，大大降低了主机气缸油的消耗。

请问：

（1）请根据案例结合所学知识分析在货物运输中有哪些基本方式？可以有哪些联运方式？

（2）如果想要实行低碳物流，根据案例中所提建议企业能够如何进行低碳行动？

单元1
货物运输概述

单元2
公路货物运输

单元3
铁路货物运输

单元4
航空货物运输

单元5
水路货物运输

单元6
多式联运

单元7
货物运输单证和风险管理

单元 7　货物运输单证和风险管理

本单元学习目标

1. 了解运输单证的定义和运输合同
2. 熟悉国内外运输单证的种类和管理
3. 了解各个当事人所涉及的单证
4. 掌握运输当事人的风险管理
5. 掌握运输单证的管理
6. 了解不可抗力的含义
7. 掌握海运运价结构
8. 掌握海运货物保险
9. 掌握《通则 2000》中与运输有关的风险

一、判断题（本类题型所包含的每道小题都只有正确或错误的一种答案，你认为正确的请在答题卡对应的题号上涂 A，错误的涂 B。）

1. 航空运单是一种运输合同，不可转让。与海运提单不同，它不作为物权凭证，也不能以交出运单作为提货的条件。（　　）

2. 航空货运单证主要分为航空主运单和航空副运单。（　　）

3. 提单的种类如按货物是否已装船为标准可分为已装船提单（On Board or Shipped B/L）和未装船提单（Received for Shipment B/L）。（　　）

4. 记名提单是指填有特定收货人名称的提单。货物只能由提单上注明的收货人收取，收货人不能以背书或其他方式转让，又称“不可转让提单（Non—negotiable B/L）”。（　　）

5. 《通则 2000》条款中，除了 DAF，基本都涉及海运，因此无论是从事国际贸易的买方还是卖方，都可能需要货运代理的海运服务，并在货运代理的帮助下通过承运人完成货物交付。（　　）

6. 托运人呈送承运人的保函内容要求承运人凭收货人盖章确认的提单副本和船务代理指定的电放保函提货，风险由承运人承担。（　　）

7. 国内的沿海运输一般都采用电放提单。（　　）

8. 货运代理的风险有：未尽代理职责、超越代理权限、托运人欺诈、随意出具保函、法律适用问题、垫付运费、员工个人行为、风险转移等。（　　）

9. 货运代理未尽代理职责主要包括选择承运人不当，选择集装箱不当，未能及时搜集、掌握相关信息并采取有效措施，对特殊货物未尽特殊义务，遗失单据，单据缮制错误等。（　　）

10. 货运代理作为托运人的代理人，出具保函的行为属于其代理范围，货运代理所承担的风险责任属于其应当所承担责任的范围。（　　）

11. 一般情况下收货人风险包括提货不着、残损、短缺、延误、额外收费等。（　　）

12. 货物在到港 15 日之内要向海关递交单据报关，超过 15 天就会产生滞报费，滞报费由

收货人负担。(　　)

13. 收货人进口的货物抵港后，如发现货物有破损、短缺及规格不符等问题，应该保留现场并在收到货物之日起 7 日内书面通知承运人，声明保留索赔权。(　　)

14. 如货物延迟交付，应在货物运到后 14 天内提出。(　　)

15. 国际货运的成本主要来自起运地、途中和目的地三个环节。(　　)

16. 一般的不可抗力内容主要包括：自然灾害，如台风、洪水、冰雹等；政府行为，如征收、征用等；社会异常事件，如罢工、骚乱等。(　　)

17. 在《通则 2000》的所有 13 个条款中，涉及公路运输的条款有 FCA、CPT、CIP、DES、DDU 和 DDP。(　　)

18. 在 FCA 条款中，卖方（发货人或托运人，下同）在指定的地点将商品、出口报关手续交付给买方指定的承运人，如果交货在卖方的所在地，卖方将货物装到卖方提供的运输工具上即可。(　　)

19. 在 CPT 条款中，卖方将货物交付给指定的承运人，但是必须支付将货物运至指定目的地所必需的运输费用，如公路运费，买方承担发生于交货之后的所有风险和其他任何费用。(　　)

20. 在 DAF 条款中，当卖方在边境的指定的地点和具体交货点，在毗邻国家海关边界前，将仍处于交货的运输工具上尚未卸下的货物交给买方处置，办妥货物出口清关手续和进口清关手续时，即完成交货。(　　)

21. 在 DDU 条款中，卖方在指定目的地将货物交给买方处置，不办理进口通关，不需要将货物从任何运输工具卸下，即完成交货。卖方承担包括把商品运送到指定目的地的费用，但不承担风险。(　　)

22. DDP 条款中，除了由卖方承担目的国的进口关税相关的所有费用（海关手续、关税、税款和其他费用）与风险之外，其他与 DDU 相同。(　　)

23. 铁路运单不具有海运提单的物权凭证功能，用来进行商业性质的流通，因此给铁路联运的当事人造成了极大的不便，因此国内卖方与国外的买方的信任是交易的基础。(　　)

24. 与国际贸易所伴生的国际货物运输，国际货运代理一般都会由收货人指定，也就是说，收货人与国际货运代理签署货运代理合同，托运人或者出口商只需根据销售合同将货物按时在规定地点移交给收货人指定的货运代理公司，就完成了合同交付义务。(　　)

25. 《通则 2000》中与航空运输相关的条款有 FCA、CPT、CIP、DDU、DDP、DEQ。(　　)

26.《通则 2000》中与水路运输有直接关系的有 FAS、FOB、CFR、CIF、DES 和 DEQ、CIP。(　　)

27. F 组贸易术语风险划分界限和费用划分界限相同。(　　)

28. C 组贸易术语风险划分界限和费用划分界限相同。(　　)

29. D 组贸易术语风险划分界限和费用划分界限相同。(　　)

30. 保险的当事人主要有受益人、被保险人、投保人、保险公司。(　　)

31. 保险单可承保的范围包括海运、空运、公路、铁路、内陆水运或邮政运输的大部分行程，也可以承保通过陆路或水路到港口、机场或货运站往返的运输。(　　)

32. 基本的货物保险单有三种：预约保单、专用保单和正式保单。(　　)

33. 海洋运输货物保险条款主要有基本险、平安险、一切险和水渍险。(　　)

34. 海上损失分为全部损失（Total Loss）和部分损失（Parial Loss)。全损又可分为实际全损和推定全损，部分损失又可分为共同海损和单独海损。(　　)

35. 风险包括发生不幸的可能、各种危险的集合、无法预知损失的可能等。(　　)

36. 航空货运单证主要分为航空主运单和航空分运单。(　　)

37. 发票可分为三种，即商业发票、海关发票和营业发票。(　　)

38. 随同报关单向海关递交的单证有对外贸易管理部门签发的进出口许可证和国家规定的其他批准文件、装货单、提货单、运单；发票；装箱单；减税、免税或免验的证明文件等。(　　)

39. 提单是承运人保证凭以交付货物和可以转让（记名提单除外）的非物权凭证。(　　)

40. 按提单对货物有无外表不良批注为标准划分为清洁提单（Clean B/L）与不清洁提单(Foul B/L)。(　　)

41. 投保货运代理责任险是转移经营风险行之有效的途径。通过这种方式可以转化某些无法预见的经营风险，减少重大或突发风险事件给货运代理企业带来的冲击和影响。(　　)

42. 我国的《货运代理规定实施细则》要求货运代理企业在从事国际多式联运业务时要参加保险。(　　)

43. 航空货物运输中，如果发生货损货差，首先查清责任是代理人的还是发货人的。(　　)

44. 根据《通则 2000》中条款规定，卖方的责任范围包括换单费，这些费用理所当然由卖方承担。(　　)

45. 如果联运货物的最后一程运输使用铁路，那么该货运代理将只能要求客户在货物交给铁路运输以前支付运费，以免在货物发车后向收货人催款。（　　）

46. 海运和多式联运提单由于其本身就是物权凭证，出口商可以用提单向银行提供抵押，申请议付和跟单托收等。（　　）

47. 在信用证项下，发货人（卖方）在银行议付的时候，必须出示清洁提单，为了得到清洁提单，实际的风险转移点已经移到开船之后了，这一点很重要。（　　）

48. 当保险单持有人的风险责任开始时，保险单的保险也随之开始生效。（　　）

49. 在投保人、被保险人与受益人并非同一人时，投保人指定受益人或者变更受益人时，必须经被保险人同意。指定受益人实际上是被保险人将保险金请求权转让给受益人。（　　）

50. 在已保一切险的条件下，再加保一般附加险是要另收保险费。但一般附加险不能离开主要险别而单独投保，要在主要险别基础上加保。（　　）

51. 共同海损的成立条件：必须确有危及船、货共同安全的危险存在，而不能主观臆测；船方的措施必须是有意的、合理的；所做出的牺牲或支出的费用必须是非正常性的；构成共同海损的牺牲和费用支出必须是有效的。（　　）

52. 港站收据通常由发货人或其代理人根据船公司或其他运输经营人规定的格式填制，并随货物一起运至集装箱码头堆场或集装箱货运站，由接收货物的人在收据上签字后经货运代理交还给托运人，以证明托运的货物已收到。（　　）

53. 随同报关单向海关递交的单证有对外贸易管理部门签发的进出口许可证和国家规定的其他批准文件、装货单、提货单、运单；发票；装箱单；减税、免税或免验的证明文件等。（　　）

54. 提单的功能有货物收据、物权凭证、运输合同的证明。（　　）

55. 按提单上收货人的抬头为标准可分为记名提单［Named（nominate）B/L］和不记名提单（Blank B/L或Open B/L）。（　　）

56. 以运输方式为标准，提单可分为直达提单（Direct B/L）和联运提单（Through B/L）。（　　）

57. 联运提单是指采用联合几种运输方式对一票货物连续运输的提单。提单由任意承运人签发，包括全程运输，并收取全程费用。（　　）

58. 按签发提单的时间划分为倒签提单（Anti—date B/L）、顺签提单（Post—date B/L）和预借提单（Advanced B/L）。（　　）

59. 提单包括运输代理提单、并提单、分提单、交换提单、舱面货提单、包裹提单、集装箱提单、租船合约提单、租船合同提单、船东提单等。(　　)

60. 国际多式联运单正本从始发站随同货物附送至终点站并交给收货人，是铁路同托运人之间交接货物、核收运杂费用、处理索赔与理赔的依据。运单副本是卖方凭以向银行结算货款的主要证件。(　　)

二、单选题（本类题型所包括的每道小题只有一个正确答案，请在给出的选项中选出正确答案。）

1. 广义的单证指（　　）。

A. 各种文件和凭证　B. 运输单证　C. 出口单　D. 进口单

2. 狭义的单证在货物运输中就是（　　）。

A. 各种文件和凭证　B. 运输单证　C. 出口单　D. 进口单

3. 国内和国际运输操作中应用的单据、文件、证书等是（　　）。

A. 提货单　B. 发货单　C. 保险单　D. 运输单证

4. 规定了委托人和公路运输承运人之间的责任和义务，受《中华人民共和国合同法》约束的合同是（　　）。

A. 铁路运输合同　B. 航空运输合同　C. 水路运输合同　D. 公路运输合同

5. 经国务院批准，由铁道部发布，自1987年7月1日起施行的《铁路货物运输合同实施细则》是订立（　　）。

A. 铁路运输合同的依据　B. 航空运输合同的依据

C. 水路运输合同的依据　D. 公路运输合同的依据

6. 航空运输合同对货物和当事人都作了规定，受《中华人民共和国合同法》的约束，个体经营者、个人与运输承运人签订的（　　）可参照执行。

A. 铁路运输合同　B. 航空运输合同　C. 水路运输合同　D. 公路运输合同

7. 规定了委托人和运输承运人之间的责任和义务，受《中华人民共和国合同法》的约束，并按照国家海上运输管理规定的要求执行的合同是（　　）。

A. 铁路运输合同　B. 航空运输合同　C. 水路运输合同　D. 公路运输合同

8. 委托人和代理人之间签订的代理委托协议是（　　）。

A. 铁路运输合同　B. 航空运输合同

C. 国际货物运输委托代理合同　　D. 公路运输合同

9. 承运人与托运人之间签订的，由承运人负责将货物由一港经海路运至另一国的港口，交由收货人，由托运人（或收货人）支付运费的协议是（　　）。

A. 铁路运输合同　　B. 国际海上货运合同

C. 国际货物运输委托代理合同　　D. 公路运输合同

10. 可抵扣增值进项税的运输发票凭运费结算单据所列运费金额依据一定的扣除率计算抵扣进项税额，扣除率是（　　）。

A. 5%　　B. 7%　　C. 9%　　D. 14%

11. 公路运输单证不可作为（　　）。

A. 公路运输业经营许可证（含副本公路运输营运证）　　B. 行车路单

C. 客货运输票证　　D. 物权凭证

12. 当通过国际铁路办理货物运输时，在发运站由承运人加盖日戳签发的运单叫（　　）。

A. 铁路货票　　B. 国际铁路货物联运运单

C. 铁路运单　　D. 承运货物的收据

13. 铁路运单是货运单据，是收、发货人同铁路之间的运输契约，它的签发人（　　）。

A. 收货人　　B. 发货人　　C. 托运人　　D. 承运人

14. 铁路货票增值税抵扣比例为（　　）。

A. 5%　　B. 7%　　C. 9%　　D. 14%

15. 如果托运人委托运输，铁路货票由承运的铁路路局开给（　　）。

A. 收货人　　B. 发货人　　C. 货运代理　　D. 承运人

16. 进行国际铁路联运的国家铁路局有（　　）。

A. 一个以上　　B. 两个以上　　C. 三个以上　　D. 四个以上

17. 国际铁路货物联运运单正本从始发站随同货物附送至终点站并交给（　　）。

A. 收货人　　B. 发货人　　C. 货运代理　　D. 承运人

18. 通过铁路对港、澳出口货物时，由于国内铁路运单不能作为对外结汇的凭证，故使用（　　）。

A. 国际铁路货物联运运单正本　　B. 铁路货票

C. 国际铁路货物联运运单副本　　D. 承运货物收据

19. 根据我国《航空货物运输合同实施细则》的有关规定，托运人利用航空运输方式运送货物时，承运人有权要求托运人填写（　　）。

A. 承运货物收据　　B. 国际铁路货物联运运单正本

C. 航空货运单　　D. 国际铁路货物联运运单副本

20. 对航空货运单上所填内容的真实性和正确性负责的相关方是（　　）。

A. 托运人　　B. 发货人　　C. 货运代理　　D. 承运人

21. 国际货运代理的服务对象是（　　）。

A. 独立的经营人　　B. 联营合伙人　　C. 承运人　　D. 托运人

22. 国际海上货运合同是指承运人与托运人之间签订的，由承运人负责将货物由一港经海路运至另一国的港口，交由收货人，支付运费的人是（　　）。

A. 承运人　　B. 托运人（或收货人）

C. 承运人和托运人共同　　D. 承运人和收货人共同

23. 国际海上货运合同的签订人是（　　）。

A. 承运人与收货人　　B. 托运人与收货人

C. 承运人与托运人　　D. 托运人、承运人与收货人

24. 目前，根据《统一国际空运某些规则的公约》空运单一般是（　　）。

A. 托运人自己填写　　B. 托运人通常委托空运货运代理代填

C. 承运人自行填写　　D. 收货人填写

25. 航空运单是（　　）。

A. 一种运输合同　　B. 可以转让

C. 能够作为物权凭证　　D. 能够以交出运单作为提货的条件

26. 航空公司签发的运单俗称（　　）。

A. 分运单　　B. 航空运单　　C. 空运单　　D. 主运单

27. 空运货运代理签发的运单俗称（　　）。

A. 分运单　　B. 航空运单　　C. 空运单　　D. 主运单

28. 集中托运在填写航空运单时，运单上面的托运人是（　　）。

A. 承运人　　B. 托运人　　C. 货运代理　　D. 收货人

29. 直接托运在填写航空运单时，运单上面的托运人是（　　）。

A. 承运人　　B. 托运人　　C. 货运代理　　D. 收货人

30. 托运危险货物在填写航空运单时，运单上必须填写（　　）。

A. 承运人　B. 实际托运人　C. 货运代理　D. 收货人

31. 水路运输单证中可以被称为“委托书”或“订舱单”的是（　）。

A. 运输单　B. 订货单　C. 托运单　D. 装货通知

32. 水路运输单证中可以被称为“装货单”“关单”的是（　）。

A. 运输单　B. 订货单　C. 托运单　D. 装货通知

33. 装货通知是办妥货物托运的证明，这是相对于（　）来说。

A. 托运人　B. 船公司或船代　C. 海关　D. 收货人

34. 装货通知是通知船方接受装运该货物的指示文件，这是相对于（　）来说。

A. 托运人　B. 船公司或船代　C. 海关　D. 收货人

35. 装货通知是加盖放行章表示该货物可以出口的许可证明，这是相对于（　）来说。

A. 托运人　B. 船公司或船代　C. 海关　D. 收货人

36. 水路运输单证中可以被称为“大副收据”的是（　）。

A. 装货清单　B. 收货单　C. 载货清单　D. 装箱单

37. 水路运输单证中可以被称为“舱单”的是（　）。

A. 装货清单　B. 收货单　C. 载货清单　D. 装箱单

38. 水路运输单证中可以被称为“下货纸”或“码头收据”的是（　）。

A. 装货清单　B. 收货单　C. 载货清单　D. 港站收据

39. 水路运输单证中相当于普通货物运输中的“大副收据”，托运人换取提单依据的是（　）。

A. 港站收据联　B. 通知船长联　C. 提单　D. 设备交接单

40. 水路运输单证中相当于货运代理签发的装货通知（S/O），由船方保存的是（　）。

A. 港站收据联　B. 通知船长联　C. 提单　D. 设备交接单

三、多选题（本题型所包含的每道小题都有不止一个正确答案，请选出你认为正确的答案，错选和多选者本小题不得分，少选但选项正确的可得到相应的分数。）

1. 货物运输合同主要包括（　）。

A. 公路运输合同　B. 铁路运输合同　C. 航空运输合同

D. 水路运输合同　E. 管道运输合同

2. 国际货运代理的基本特点是（　　）。

A. 受委托人委托或授权　B. 代办各种国际贸易所需要服务的业务

C. 收取一定报酬　D. 作为独立的经营人完成并组织货物运输、保管等业务

E. 代办各种国际运输所需要服务的业务

3. 托运人在委托运输时，要特别注意以下情况（　　）。

A. 可以抵扣的运费范围　B. 准予抵扣的运费结算单据的范围

C. 申报抵扣的时间　D. 审核货运发票内容是否齐全、真实

E. 承运单位是从事货物运输的企业

4. 根据我国《公路运输统一单证使用和管理规定》，我国公路运输统一单证包括（　　）。

A. 公路运输业经营许可证　B. 行车路单　C. 客货运输票证

D. 客运站网络许可证　E. 进出站收费单

5. 铁路运输单证类型包括（　　）。

A. 国际货协—运单　B. 货票　C. 承运货物的收据

D. 国际铁路货物联运运单　E. 铁路货票

6. 航空运单的种类包括（　　）。

A. 主运单　B. 提单　C. 分运单　D. 货物清单　E. 保险单

7. 航空运单的作用（　　）。

A. 承运合同　B. 货物收据　C. 运费账单

D. 报关凭证　E. 货物的保险证明单

8. 航空货运单证主要分为（　　）。

A. 托运单　B. 提单　C. 主运单　D. 保单　E. 分运单

9. 关于装货通知正确的是（　　）。

A. 对托运人来说，装货通知是办妥货物托运的证明

B. 对船公司或船代来说装货通知是通知船方接受装运该货物的指示文件

C. 对海关来说，装货通知是加盖放行章表示该货物可以出口的许可证明

D. 由托运人按照托运单的内容填制后交承运人或其代理人

E. 是托运人根据贸易合同和信用证条款内容填制的，向承运人或其代理办理货物托运的单据

10. 水路运输单证包括（　　）。

A. 托运单　B. 港站收据　C. 主运单　D. 收货单　E. 装货清单

11. 关于装箱单的叙述正确的是（　　）。

A. 装箱单不是每一个载货集装箱所必须制作的

B. 装箱单是记载装箱货物的具体装运资料、交付方式以及箱内积载（自里至外）顺序的单证

C. 整箱货交付时，装箱单由集装箱货运站（货运代理）编制

D. 拼箱交付时，则由托运人缮制

E. 装箱单上所记载的货运资料必须与订舱单及港站收据上所记载的内容一致

12. 关于港站收据的叙述正确的是（　　）。

A. 是托运人委托集装箱装卸作业区、集装箱堆场、集装箱货运站或内陆站在收到整箱货或拼箱货后签发的收据

B. 通常由托运人或其代理人根据船公司或其他运输经营人规定的格式填制

C. 又称“下货纸”或“码头收据”

D. 随货物一起运至集装箱码头堆场或集装箱货运站

E. 由接收货物的人在收据上签字后经货运代理交还给托运人，以证明托运的货物已收到

13. 港站收据一般为一式（　　）。

A. 7 份　B. 3 份　C. 5 份　D. 10 份　E. 9 份

14. 关于提单的叙述正确的是（　　）。

A. 提单是承运人或其代理人签发给托运人的单据

B. 提单是能够证明货物已经收到的凭据

C. 具有规定承运人的权利、义务、赔偿责任和免责的运输合同的作用

D. 是提单持有人转让货物所有权或凭以提取货物的物权凭证

E. 提单在运输中是一份十分重要的单证

15. 关于发票的叙述正确的是（　　）。

A. 发票不能因不同的出口人和出口货物而采用不同的格式

B. 基本内容包括货物名称、件数、货物标志、重量、价格等事项

C. 发票包括商业发票和海关发票两种

D. 发票是指出口方向外国进口方证明已正当地履行了贸易合同的有关货物运输的明细表

E. 发票属于水路运输单证中的一种

16. 提单的功能包括（　　）。

A. 货物收据　　B. 物权凭证　　C. 承运人的担保

D. 转让的功能　　E. 运输合同的证明

17. 提单的种类有（　　）。

A. 已装船提单　　B. 收货备运提单　　C. 记名提单

D. 指示提单　　E. 不记名提单

18. 提单的内容包括（　　）。

A. 货物的品类　　B. 货物的外表状况　　C. 承运人的名称和主要营业所

D. 托运人的名称　　E. 提单的签发地点

19. 关于集装箱提单的叙述正确的是（　　）。

A. 提单的内容如果缺少其中一项或两项会影响货物运输和当事人各方之间的利益，集装箱提单失效

B. 双方当事人可以在不违背提单签发国有关法律的规定条件下，加注其他项目内容

C. 我国对提单的法律基本沿用了《海牙规则》

D. 托运人应在提单上对货物的危险特性做出明确的说明，包数或件数及货物的重量或以其他方式表示的数量等

E. 如提单正本超过一份，列明提单正本的份数

20. 托运人的主要单证不包括（　　）。

A. 出口报关委托书　　B. 装箱单　　C. 提单

D. 保险单　　E. 货物清单

21. 货运代理涉及的单证包括（　　）。

A. 提单（B/L）　　B. 装货单　　C. 发票　　D. 信用证副本　　E. 进舱通知

22. 收货人提供的主要单证有（　　）。

A. 出口报关委托书　　B. 提单（未背书）　　C. 发票（正本）、装箱单（正本）

D. 信用证（银行盖章副本或复印件）　　E. 货物明细单

23. 对倒签提单的叙述正确的是（　　）。

A. 是指承运人或其代理人应托运人要求的体现

B. 承运人签发倒签提单不需要承担由此而引起的风险责任

C. 当市场上货价下跌时，收货人可以“伪造提单”为由拒绝收货，并向法院起诉要求赔偿

D. 承运人可以签放倒签提单

E. 倒签提单是托运人为了使提单上记载的签发日期符合信用证关于装运期的规定，以便结汇

24. 拖车司机检验集装箱的基本内容包括（　　　）。

A. 是否符合 ISO 标准　　B. 四柱、六面、八角是否完好无损

C. 箱子各焊接部位是否牢固　　D. 箱子内部是否清洁、干燥、无味、无尘

E. 是否具有合格检验证书

25. 收货人必备的索赔单证包括（　　　）。

A. 索赔函件　　B. 索赔清单　　C. 费用的证明单据

D. 提单正本或影印件　　E. 商业发票

26. 一般的不可抗力内容主要包括（　　　）。

A. 罢工　　B. 自然灾害　　C. 政府征收　　D. 托运人毁约　　E. 金融危机

27. 《通则 2000》中与航空运输相关的条款有（　　　）。

A. FOB　　B. CIF　　C. FCA　　D. CPT　　E. DDU

28. 以下与水路运输有关的条款是（　　　）。

A. FOB　　B. CIF　　C. DES　　D. CPT　　E. DDU

29. 保险的当事人包括（　　　）。

A. 投保人　　B. 受益人　　C. 托运人　　D. 被保险人　　E. 委托人

30. 基本的货物保险单有（　　　）。

A. 安全险保单　　B. 全险保单　　C. 专用保单　　D. 预约保单　　E. 共同保单

四、情景问答题（请简要回答下面的问题）

1. 东华公司按 CFR 条件，即期不可撤销信用证以集装箱运出口成衣 350 箱，装运条件是 CY TO CY 。货物交运后，东华公司取得“清洁已装船”提单，提单上标明：“Shipper's Load and Count. ”。在信用证规定的有效期内，东华公司及时办理了议付结汇手续。20 天后，对方来函称：经有关船方、海关、保险公司、公证行会同对到货开箱检验，发现其中有 20 箱包装严重破损，每箱均有短少，共缺成衣 512 件。各有关方均证明集装箱外表完好无损，为此，

对方要求东华公司赔偿其货物短缺的损失，并承担全部检验费共2500美元。问：对方的要求是否合理？为什么？

2. 我国对澳大利亚出口1000吨大豆，国外开来信用证规定：不允许分批装运。结果我们在规定的期限内分别在大连、新港各装500吨于同一航次的同一船上，提单也注明了不同的装运地和不同的装船日期。请问：这是否违约？银行能否议讨？

3. 某货轮在某港装货后，航行途中不慎发生触礁事故，船舶搁浅，不能继续航行。事后船方反复“开倒车”，致使船底划破海水渗入船内，造成船货部分损失。之后，船长将船拖至就近港口的船坞修理。前后花了10天，共支出修理费5000美元，增加各项开支（包括员工工资）共3000美元。次日，又遇恶劣天气，使船上装载的某货主的部分货物受损，试从货运保险义务方面分析以上损失各属于什么性质的损失？

4. 某货从天津新港驶往新加坡，在航行中航船货物起火，大火蔓延到机舱，船长为了船货的安全决定采取紧急措施，往舱中灌水灭火，火遂被扑灭。但由于主机受损，无法继续航行，于是船长决定雇用拖轮，将货船拖回新港修理，检修后，重新驶往新加坡。事后调查，这次事件造成的损失有：①1000箱货物被烧毁；②600箱货物由于灌水灭火受到损失；③主机和部分甲板被烧坏；④拖船费用；⑤额外增加的燃料和船长、船员的工资。依据上述情景，分析海损有哪些类型。

5. 在涉及海运的所有单据中，提单是最重要的单证，种类最多，处理起来最复杂，涉及提单的风险很大，是所有当事人要予以特别关注的单证。因此所有当事人为了在货物运输过程中，确保自身的合法权益，必须要了解提单的功能，请用专业知识简述提单的功能。

6. 某公司想要委托专业公司托运一批货物，在托运货物的过程中为了确保高效率该公司需要知道自己所需要的单证有哪些。请问托运人在托运过程中需要的主要单证有哪些？

五、论述题

1. 由于货物运输的方式有很多，因此货物运输合同也有很多种，试分析货物运输合同都有哪些？

2. 在涉及海运的所有单据中，提单是最重要的单证，种类最多，处理起来最复杂，涉及提单的风险很大，是所有当事人要予以特别关注的单证。请分析提单的内容有哪些。

3. 一家公司想要为自己的货物在运输过程中进行投保，请你用专业的知识分析如何投保货物运输保险。

六、案例题

2001 年 3 月，国内某公司（以下简称甲方）与加拿大某公司（以下简称乙方）签订了一设备引进合同。根据合同，甲方于 2001 年 4 月 30 日开立以乙方为受益人的不可撤销的即期信用证。信用证中要求乙方在交单时，提供全套已装船清洁提单。2001 年 6 月 12 日，甲方收到开证银行进口信用证付款通知书。甲方业务人员审核议付单据后发现乙方提交的提单存在以下疑点：①提单签署日期早于装船日期；②提单中没有“已装船”字样。

根据以上疑点，甲方断定该提单为备运提单，并采取以下措施：

（1）向开证行提出单据不符点，并拒付货款；

（2）向有关司法机关提出诈骗立案请求；

（3）查询有关船运信息，确定货物是否已装船发运；

（4）向乙方发出书面通知，提出甲方疑义并要求对方做出书面解释。

乙方公司在收到甲方通知及开证行的拒付函后，知道了事情的严重性，向甲方做出书面解释并片面强调船务公司方面的责任。在此情况下，甲方公司再次发函表明立场，并指出由于乙方原因，设备未按合同规定期限到港并安装调试已严重违反合同，并给甲方造成了不可估量的损失。要求乙方及时派人来协商解决问题，否则，甲方将采取必要的法律手段解决双方的纠纷。乙方遂于 2001 年 7 月派人来中国。在甲方出具了充分的证据后，乙方承认该批货物由于种种原因并未按合同规定时间装运，同时承认了其所提交的提单为备运提单。最终，经双方协商，乙方同意在总货款 12.5 万美元的基础上降价 4 万美元并提供三年免费维修服务作为赔偿，同时同意取消信用证，付款方式改为货到目的港后以电汇方式支付。

请问：

（1）案例中乙方有何过失？案例中，乙方正确的做法应该是什么？

（2）对于甲方来讲，其应在该次事件中吸取什么经验？

答案篇

单元1　货物运输概述答案

一、判断题（本类题型所包含的每道小题都只有正确或错误的一种答案，你认为正确的请在答题卡对应的题号上涂 A，错误的涂 B。）

1. B　2. B　3. A　4. B　5. B　6. B　7. B　8. B　9. A　10. B　11. A　12. B　13. A

14. A　15. A　16. B　17. B　18. A　19. B　20. B　21. A　22. B　23. A　24. A　25. B

26. A　27. A　28. A　29. B　30. A　31. A　32. B　33. B　34. B　35. A　36. B　37. B

38. A　39. B　40. A　41. A　42. B　43. B　44. A　45. A　46. A　47. B　48. B　49. A

50. B　51. B　52. A　53. A　54. B　55. A　56. A　57. A　58. B　59. A　60. A

二、单选题（本类题型所包括的每道小题只有一个正确答案，请在给出的选项中选出正确答案。）

1. B　2. A　3. B　4. D　5. B　6. C　7. A　8. B　9. A　10. A　11. C　12. B　13. C　14. A

15. B　16. B　17. A　18. C　19. B　20. D　21. B　22. C　23. A　24. B　25. A　26. A

27. B　28. C　29. D　30. B　31. A　32. C　33. D　34. B　35. A　36. C　37. A　38. D

39. C　40. B

三、多选题（本题型所包含的每道小题都有不止一个正确答案，请选出你认为正确的答案，错选和多选者本小题不得分，少选但选项正确的可得到相应的分数。）

1. ABD　2. ABCDE　3. ABCDE　4. ACE　5. ABCD　6. ABC　7. ABC　8. ABDE

9. ABCDE　10. ABCDE　11. ABCDE　12. ABCDE　13. CDE　14. ABCDE　15. ABCDE

16. BCD　17. ABCE　18. ACD　19. ABCDE　20. ABD　21. ABCDE　22. ABCDE

23. BE　24. CDE　25. ABCD　26. ACD　27. AC　28. ABCDE　29. ABCDE　30. ABCE

四、情景问答题（请简要回答下面的问题）

1. 答：铁路货物运输的优点：①安全；②不受天气的影响；③中长距离运费低廉；④运输批量大；⑤节能。

铁路货物运输的局限：①不适于短距离货运；②货车中途作业需要时间；③运费没有弹性；④不能实现“门到门”运输；⑤车站固定，无法随处停车；⑥货物滞留时间长。

2. 答：通关方面的服务措施如下：①24 小时便捷通关；②空中报关；③多点报关；④卡车航班直通式通关服务；⑤保税监管通道；⑥区港联动；⑦网上一站式服务。

3. 答：公路运输的优越性：

（1）机动灵活，适应性强。由于公路货物运输网一般比铁路、水路网的密度要大十几倍，分布面也广，因此公路货物运输车辆几乎可以无处不到、无时不有。公路货物运输时间机动性比较大，车辆可随时调度、装运，各环节衔接时间较短。公路运输对货运量的多少具有很强的适应性。

（2）可实现“门到门”直达货物运输。由于汽车体积较小，除了可沿路网运行外，还可离开路网深入到厂矿、田间、城市居民区等地，把货物从始发地门口直接运送到目的地门口，实现“门到门”直达运输。

（3）在中、短途运输中，运送速度较快。由于公路货物运输可以实现“门到门”直达运输，中途不需要倒运、中转就可以直接将货物运达目的地，因此，与其他运输方式相比，货物在途时间相对较短，运送速度相对较快。

（4）原始投资少，资金周转快。公路货物运输与铁路、水路、航空运输方式相比，所需固定设施简单，车辆购置费用比较低，因此，投资兴办容易，投资回收期短。

4. 答：（1）水路货物运输分为海洋运输和内河运输两种类型。海洋运输简称“海运”，指的是使用船舶等水运工具经海上航道运送货物。内河运输简称“河运”，指的是使用船舶和其他水运工具，在国内的江、河、湖泊、水库等天然或人工水道运送货物。

（2）水路货物运输的优势：成本低、载重量大、通过能力大、耗能少、投资省、对综合运输依赖性较大、少占或不占农田。

（3）水路货物运输的劣势：①受自然条件的限制与影响大。即受海洋与河流的地理分布及其地质、地貌、水文与气象等条件和因素的明显制约与影响。②运输速度低。③灵活性小。④连续性差。⑤有的地方要加宽河道、疏浚、挖深或沟通。

5. 答：应当对这三种不同的货物分别选择不同的集装箱类型，如下：

（1）对于鱿鱼，应该选择冷冻集装箱。因为冷冻集装箱温度可在 -28℃ ~ +26℃调整，在运输过程中可随意启动冷冻机，使集装箱保持指定的温度，有利于鱿鱼的保存。

（2）对于五金交电，应该选择普通集装箱。因为普通集装箱主要以装运件杂货（干货）为主，通常用来装运文化用品、日用百货、医药、纺织品、电子机械、工艺品、化工制品、五金交电、仪器及机器零件等。

（3）对于蜜橘与杨梅，应该选择通风集装箱。因为蜜橘与杨梅都是属于新鲜水果，需要进行保鲜。通风集装箱箱壁有通风孔，内壁涂塑料层，适宜装新鲜蔬菜和水果等怕热、怕闷的货物。

6. 答：假如我是公司主管，我会做如下的选择：

（1）对于煤炭，应该选择铁路通用货车中的敞车，因为它最主要运送煤炭、矿石、矿建物资、木材、钢材等大宗货物，也可用来运送重量不大的机械设备。

（2）对于散装水泥，应该选择铁路专用货车中的水泥车。

（3）对于93#柴油，应该选择罐车运输，因为罐车主要装运各种液体、液化气体和粉末状货物等。

五、论述题

1. 答：（1）普通集装箱，又称干货集装箱（Dry Container），以装运件杂货（干货）为主。

（2）冷冻集装箱（Reefer Container）：温度可在 -28℃ ~ +26℃调整，分外置式和内置式两种。

（3）开顶集装箱（Open Top Container）：这种集装箱没有箱顶，可用起重机从箱顶上装卸货物，途中用防水布覆盖顶部，适合于装载体积高大的物体，如玻璃板、雕塑、较重的设备等。

（4）框架集装箱（Flat Rack Container）：没有箱顶和两侧，特点是从集装箱侧面进行装卸。以超重货物为主要运载对象，还便于装载牲畜，还可以装运如钢材之类的裸装货。

（5）牲畜集装箱（Pen Container）：这种集装箱侧面采用金属网，通风条件良好，便于饲喂，是专为装运牛、马等活动物的特殊集装箱。

（6）挂式集装箱（Dress Hanger Container）：简称挂衣箱，内部有可悬挂衣服的设备，适合装运服装类商品的集装箱。

（7）散装货集装箱（Bulk Container）：一般在顶部设有 2 ~ 3 个装货的小舱口，底部有升降架，可升高成40°的倾斜角，以便卸货。这种箱子适宜装粮食、水泥等散货，如要货物进行植物检疫，还可在箱内熏舱蒸洗。

（8）散装粉状货集装箱（Free Flowing Bulk Material Container）：与散装箱基本相同，但装卸时使用喷管和吸管操作。

（9）罐式集装箱（Tank Container）：又称液体集装箱，或者罐箱。是为运输食品、药品、化工品、酒类等液体货物的特殊集装箱，其结构是在一个金属框架内固定上一个液罐。

（10）平台集装箱（Platform Container）：形状类似铁路平板车，适宜装超重超长货物，货物的长度可达6米以上，宽4米以上，高4.5米左右，重量可达40吨。两台平台集装箱联结起来可以装80吨的货物，这种箱子装运汽车极为方便。

（11）通风集装箱（Ventilated Eontainer）：箱壁有通风孔，内壁涂塑料层，适宜装新鲜蔬菜和水果等怕热、怕闷的货物。

（12）保温集装箱（Insulated Container）：箱内有隔热层，箱顶有能调节角度的进出风口，可利用外界空气和风向来调节箱内温度，密闭时能在一定时间内不受外界气温影响，适宜装运对温湿度敏感的货物。

（13）其他专用集装箱指装运有特殊要求的其他货物，如有毒物品、危险品等。

2. 答：运输作业中所涉及组织称作“当事人”，当事人包括托运人、承运人、代理人（包括无船承运人和国际多式联运经营人）和收货人。

托运人是和承运人或者货运代理签订运输合同的人，是货物运输过程中委托发货的一方。承运人是在货物运输合同中承担提供运输工具（船舶、飞机、汽车、火车等）并负责按照托运人的指示将货物运送到目的地的当事人。货运代理是根据客户指示，并为客户的利益而揽取货物运输的人，其本身并不是承运人。货运代理也可以依据这些条件，从事与运送合同有关的活动，如储货（也含寄存）、报关、验收、收款等。收货人是指有权提取货物的人。

3. 答：无论哪种运输形式，大体上来说，其操作过程涉及三个环节，即接货、运送和交付。

接货是货物实体由托运人转移到承运人手中的开始。在发生实体转移之后，货物在途管理责任也转移到承运人手中。在海洋运输过程中，如果签发了提单即发生了物权的转移。因此在接货的时候，无论是托运人还是承运人都要关注以下几个方面的操作：①包装；

②验货；③装货；④单证。

运送是指承运人接货之后，货物的在途过程。运输途中货物的安全、完好均由承运人负责，但发生不可抗力的情况时除外。

交付是指承运人按照货运单证上的要求，按时、完好地在约定的目的地把承运的货物交给收货人，程序简述如下：

（1）通知：承运人要在货物抵达最终目的地之前，或者按照运输合同规定的时间，通知收货人做好收货准备。

（2）交接：交接是指承运人将承运的货物在双方约定的目的地和时间交与收货人。

（3）验收：收货人按照运输单证来验收货物。如果验收无误，收货人将签妥的收货凭证交与承运人。如果是运费到付的，还要将运费交与承运人。

六、案例题

1. 答：我某公司的要求是有道理的，因为买方要进口的货物的名称为“手工制造书写纸”，是一种以制造工艺命名的商品，而实际收到的货物经检验有部分制造工序是机械制造，卖方所交货物与合同规定的不符，买方有权拒收货物并要求卖方赔偿。

2. 答：①以请联运公司来承担此项任务为好，比较稳妥，联运公司是第三方物流服务供应商。②第三方物流服务供应商，根据是否拥有资产可分为资产基础供应商和非资产基础供应商，衡量其服务好坏的标准绝不是它有无实际的物流资产而是看专业人才和货运代理经验，有资产，服务价格可低些，但灵活性差；而非资产基础供应商，则可根据不同需要“量体裁衣”非常灵活。③邀请第三方物流服务供应商，应该做好如下工作：对该联运公司做必要调查，看看信誉度如何；进行必要的合同磋商，解决好合同的执行标准、衡量标准、违约责任以及价格等；努力避免双方合作失败，既交货又派专人关心此事；讲明如果服务质量好，可考虑长期合作的可能性。

其他方案欠稳妥，无把握，风险很大。

3. 答：（1）可产生如下不利结果：运输衔接过程中的信息传递与处理能力较差，使得运输的及时性、迅速性受到制约。由于铁路、公路没能实现场站的有效衔接，必然会增加中转过程中的装卸、搬运量和次数，从而使得：①装卸、搬运成本大增；②装卸、搬运效率低，时间长；③运输商品货损货差率大，影响安全性和准确性。对于托运人而言，不得不自己办理相关中转业务，由于不是专业人员。因此在迅速、及时、经济、安全等方面效果较差。

（2）上述不利结果的具体解决办法：①在国家政策、法规方面提出促进联合运输的相关政策或要求。②建立铁路运输与公路运输之间相互衔接信息系统以利于信息沟通。③建立国家物流运输装卸、包装统一标准。如推行标准化集装箱运输、托盘化运输标准以提高装卸、搬运效率，降低成本、降低货损货差率。④建立健全货运代理机制，完善货运代理机构职能，提高联合运输效率。

单元2　公路货物运输答案

一、判断题（本类题型所包含的每道小题都只有正确或错误的一种答案，你认为正确的请在答题卡对应的题号上涂A，错误的涂B。）

1. A　2. B　3. A　4. A　5. B　6. A　7. A　8. B　9. A　10. A　11. B　12. B　13. A　14. A　15. B　16. B　17. B　18. B　19. A　20. A　21. B　22. B　23. B　24. A　25. A　26. B　27. B　28. B　29. A　30. A　31. A　32. A　33. B　34. A　35. B　36. B　37. A　38. B　39. A　40. A　41. B　42. B　43. B　44. A　45. B　46. B　47. B　48. A　49. B　50. A　51. B　52. A　53. A　54. A　55. B　56. A　57. B　58. B　59. A　60. A

二、单选题（本类题型所包括的每道小题只有一个正确答案，请在给出的选项中选出正确答案。）

1. D　2. A　3. C　4. B　5. A　6. B　7. A　8. D　9. B　10. D　11. D　12. B　13. D　14. D　15. C　16. C　17. D　18. A　19. B　20. C　21. D　22. A　23. B　24. A　25. A　26. C　27. B　28. A　29. C　30. B　31. B　32. C　33. A　34. A　35. C　36. A　37. A　38. C

三、多选题（本题型所包含的每道小题都有不止一个正确答案，请选出你认为正确的答案，错选和多选者本小题不得分，少选但选项正确的可得到相应的分数。）

1. ABC　2. ABCDE　3. ABCDE　4. ABCE　5. ADE　6. ABCDE　7. ABCDE　8. ABCE　9. AB　10. CDE　11. ABCDE　12. BDE　13. AC　14. ABCDE　15. ABCE　16. BCDE　17. ABC　18. ABCD　19. BC　20. ABCE　21. AC　22. AD　23. DE　24. ABCDE　25. ACDE　26. ABCDE　27. BCD　28. ACDE　29. BCDE　30. ABCE

四、情景问答题（请简要回答下面的问题）

1. 答：（1）由于是紧急运输，再加上运距长，考虑航空运输的优点，故选择航空运输。

（2）由于货物运量大、运距长，海上运输只能选择远洋集装箱运输，美国陆上运输可以选择公路集装箱或铁路集装箱运输。

（3）杭州至乌鲁木齐的运距较长，属于铁路运输适宜范围，又没有水路可达，只能选择铁路运输。

（4）上门收购牛奶和市内配送都属于“门到门”运输要求，只能采用公路运输方式。

2. 答：选择第一种方案。原因如下：

（1）第一种方案的成本：运输费+储存费 $=4\times1000+(120\div4)\times0.5\times5000\times2\%=5500$ 元；

（2）第二种方案的成本：运输费+储存费 $=1\times1200+120\times0.5\times5000\times2\%=7200$ 元。

3. 答：（1）提高运输工具实载率。充分利用运输工具的额定能力，减少车船空驶和不满载行驶的时间，减少浪费，从而求得运输的合理化。

（2）采取减少动力投入，增加运输能力的有效措施求得合理化。这种合理化的要点是，少投入多产出，走高效益之路。运输的投入主要是能耗和基础设施的建设，在设施建设已定型和完成的情况下，尽量减少能源投入，是少投入的核心。做到了这一点就能大大节约运费，降低单位货物的运输成本，达到合理化的目的。

（3）发展社会化的运输体系。运输社会化的含义是发展运输的大生产优势，实际专业分工，打破一家一户自成运输体系的状况。

（4）开展中短距离铁路公路分流。

（5）尽量发展直达运输。直达运输是追求运输合理化的重要形式，其对合理化的追求要点是通过减少中转过载换载，从而提高运输速度，省却装卸费用，降低中转货损。直达的优势，尤其是在一次运输批量和用户一次需求量达到了一整车时表现最为突出。

（6）配载运输。是充分利用运输工具载重量和容积，合理安排装载的货物及载运方法以求得合理化的一种运输方式。配载运输也是提高运输工具实载率的一种有效形式。

4. 答：$400\times30+100\times60+50\times40=20000$ 元

5. 答：（1）运输作业中涉及的当事人包括托运人、承运人、代理人（包括无船承运人和国际多式联运经营人）和收货人。

（2）该业务中，B 企业为托运人，它与 D 物流企业签订运输合同，并将货物交给 D 公司；D 公司为承运人，D 公司承担提供运输工具（船舶、飞机、汽车、火车等）并负责按照 B 企业的指示将货物运送到 C 超市；C 超市为收货人，主要负责接收 B 企业委托 D 公司运输的货物。

6. 答：如果我是小李，我会主要介绍三个部分——接货、送货与支付。

（1）接货

接货是货物实体由托运人转移到承运人手中的开始。在发生实体转移之后，货物在途管理责任也转移到承运人手中。

（2）运送

运送是指承运人接货之后，货物的在途过程。运输途中货物的安全、完好均由承运人负责，但发生不可抗力的情况时除外。这些情况一般在货物发生实体转移之前由委托人和承运人在运输合同上做出约定。

（3）交付

交付是指承运人按照货运单证上的要求，按时、完好地在约定的目的地把承运的货物交给收货人，程序简述如下：

①通知：承运人要在货物抵达最终目的地之前，或者按照运输合同规定的时间，通知收货人做好收货准备。

②交接：交接是指承运人将承运的货物在双方约定的目的地和时间交与收货人。

③验收：收货人按照运输单证来验收货物。如果验收无误，收货人将签妥的收货凭证交与承运人。如果是运费到付的，还要将运费交与承运人。

五、论述题

1. 答：（1）机动灵活，适应性强。由于公路货物运输网一般比铁路、水路网的密度要大十几倍，分布面也广，因此公路货物运输车辆几乎可以无处不到、无时不有。公路货物运输时间机动性比较大，车辆可随时调度、装运，各环节衔接时间较短。公路运输对货运量的多少具有很强的适应性。

（2）可实现“门到门”直达货物运输。由于汽车体积较小，除了可沿路网运行外，还可离开路网深入到厂矿、田间、城市居民区等地，把货物从始发地门口直接运送到目的地门口，实现“门到门”直达运输。

（3）在中、短途运输中，运送速度较快。由于公路货物运输可以实现“门到门”直达运输，中途不需要倒运、中转就可以直接将货物运达目的地，因此，与其他运输方式相比，货物在途时间相对较短，运送速度相对较快。

（4）原始投资少，资金周转快。公路货物运输与铁路、水路、航空运输方式相比，所需固定设施简单，车辆购置费用比较低，因此，投资兴办容易，投资回收期短。

（5）掌握车辆驾驶技术较易。与机车司机或飞机驾驶员的培训要求相比较，汽车驾驶技术掌握起来容易得多，对驾驶员的各方面素质要求相对较低。

2. 答：公路货运委托流程图和作业内容如下。

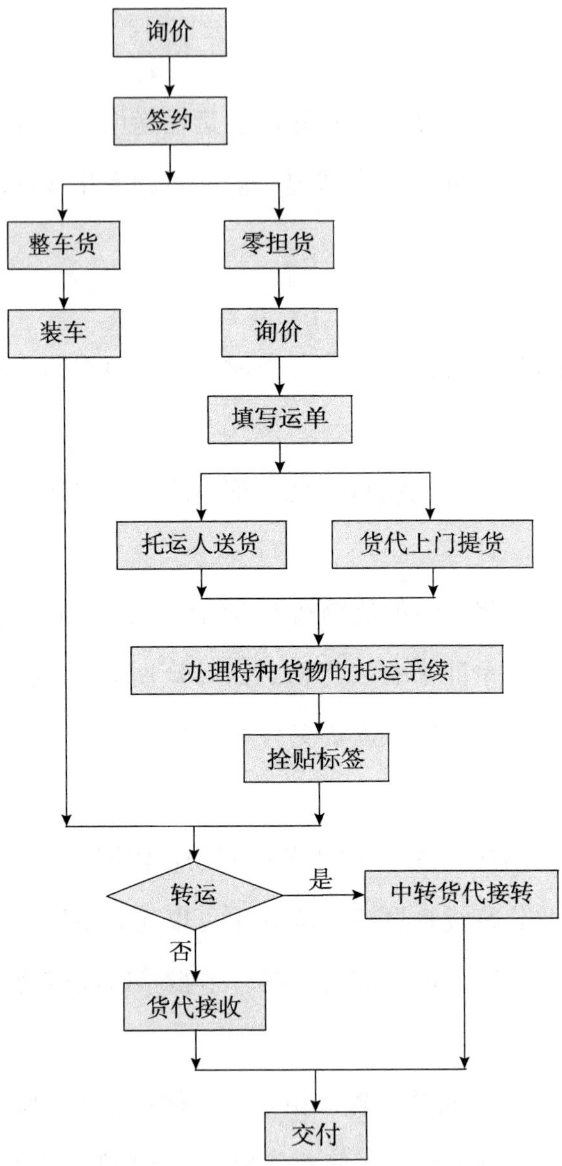

3. 答：（1）非专线服务

这类公路货运代理通常从托运人处承揽发往各地的货源，同时寻找相关车源。即通常所说“一手揽货，一手找车”。他们的主要服务产品是对托运人和承运人的业务撮合，当然也接受零担和整车的货运委托。一旦车货齐备，常常由托运人与卡车司机发生直接的委托业务联系，公路货运代理则向卡车司机收取佣金（很多地方也称“信息费”），或者直接将此货源转卖给经营专线的公路货运代理。同样，在其将货源卖给经营专线的公路货运代理时，他们基本上不与卡车司机（承运人）发生业务关系，而是从经营专线的公路货运代理企业那里得到佣金。

（2）专线服务

这类公路货运代理提供固定的公路专线运输服务。一般拥有固定的路线、自有或挂靠的车辆，需进行运输作业管理。挂靠的司机大部分是拥有一部或者几部车的车主。除了自行揽货承运外，专线服务货运代理也接受非专线服务货运代理的运输委托，或接受零担和整车的货运委托，以获取运费差价为赢利手段。经营专线的公路货运代理对于非自己专线的货源可能不会接受委托，但有时也会将相关业务有偿让与他人。与非专线货运代理不同的是专线货运代理有了一定的核心竞争力。

六、案例题

1. 答：分析：（1）重复保险是指投保人对同一保险标的、同一保险利益、同一保险事故分别向两个以上保险人订立保险合同的保险。（《保险法》第 41 条）据此规定，重复保险的构成包括三个因素，即保险标的相同、保险利益相同和保险事故相同，三个要素缺一不可。

结合本案，甲乙之间的保险合同与丙丁之间的保险合同相比较，保险标的相同、保险事故相同，但保险利益不同。

保险利益是指投保人对保险标的所具有的法律上承认的利益。（《保险法》第 12 条）本案中，甲公司作为货物所有人，因其所有的货物一旦在运输过程中发生损失，就会给自己带来经济损失，因而甲公司对该货物具有保险利益，可以为该批货物投保货物运输保险。乙公司作为承运人，其职责是将甲公司托运的货物安全送达目的地，对于运输过程中货物毁损、灭失应当承担赔偿责任，但不可抗力、货物本身自然性质或合理损耗以及托运人、收货人过错造成的除外。（《合同法》第 311 条）因此，承运人对运输期间的货物具有保险利益。甲公司投保的目的是转嫁其货物在运输中毁损、灭失的风险；乙投保的目的是转嫁自身可能承担的赔偿责任。

此外，本案中两个保险合同的投保人、被保险人也各不相同，完全是两个投保人为转嫁各自风险而订立的两个合同，因此，也不存在重复保险的问题。

综上，对于甲公司和丙公司为该批货物投保货物运输险的情况不属于《保险法》规定的重复投保的情形。

（2）根据甲乙之间的公路货物运输保险条款的约定，保险货物发生保险责任范围内的损失，乙公司可以先予赔偿甲公司的损失，甲公司应签发权益转让书及有关材料移交给乙公司，并协助乙公司向丙公司追偿。甲公司若放弃对丙公司的索赔，乙公司不承担赔偿责任；由于甲公司的过错致使乙公司不能行使代位请求赔偿权利的，乙公司可以相应扣减保险赔偿金。

本案中，由于丙公司也投保了公路货物运输保险，对其应承担的责任也有转嫁之处，乙公司可以在赔付后迅速要求丙公司赔偿或以自己名义提起保险代位求偿之诉。

丙运输公司与丁保险公司签订货物运输保险协议，向丁保险公司为其承运业务投保国内公路货物运输保险（甲公司货运业务仅是丙公司总体货运业务的一部分）是造成这起矛盾纠纷的关键所在，如果丁向丙承保的是“承运人责任险”就可以避免这起争议。所谓“承运人责任险”，是指客运经营者、货物运输经营者根据有关法律、行政法规和规章的规定，保险自己在运输过程中发生交通事故或者其他事故，致使旅客遭受人身伤亡和直接财产损失或者货物遭受损失，依法应当由被保险人对旅客或者货物货主承担的赔偿责任，由保险公司在保险责任限额内给予赔偿的法律制度。这是国家为了保护道路运输受害人能够得到及时救助或赔偿而采取的一项强制保险制度。

2. 答：（1）本案中 C 与 B 是贸易关系，货到广州后货物所有权即归 C 所有。

（2）C 持 B 的介绍信与 A 联系有关报关进口事宜及 A 向 C 发出“进口到货通知书”，并将货物用卡车运往莱市，应视为事实上 A 已接受 C 的委托。

（3）A 承担了没有代为转移风险的责任，也就是“进口到货通知书”上的第 5 条。

（4）A 在本案中无任何人授权便以自己的名义与承运人签订运输合同，且货在运输途中灭失，又不具备免责条件，因此 A 应对此负全部责任。

单元3　铁路货物运输答案

一、判断题（本类题型所包含的每道小题都只有正确或错误的一种答案，你认为正确的请在答题卡对应的题号上涂A，错误的涂B。）

1. A　2. B　3. B　4. A　5. B　6. B　7. A　8. A　9. B　10. A　11. A　12. B　13. A　14. A
15. A　16. B　17. B　18. A　19. A　20. B　21. A　22. B　23. A　24. B　25. A　26. A
27. B　28. A　29. B　30. A　31. B　32. A　33. A　34. A　35. B　36. B　37. A　38. A
39. B　40. B　41. A　42. B　43. A　44. A　45. A　46. B　47. B　48. B　49. A　50. A
51. A　52. B　53. A　54. A　55. B　56. A　57. A　58. A　59. B　60. A

二、单选题（本类题型所包括的每道小题只有一个正确答案，请在给出的选项中选出正确答案。）

1. A　2. B　3. D　4. C　5. A　6. A　7. C　8. A　9. C　10. B　11. A　12. C　13. A　14. B
15. D　16. D　17. B　18. A　19. D　20. C　21. D　22. C　23. C　24. C　25. B　26. A
27. B　28. C　29. D　30. D　31. C　32. A　33. A　34. C　35. D　36. B　37. A　38. C
39. A　40. D

三、多选题（本题型所包含的每道小题都有不止一个正确答案，请选出你认为正确的答案，错选和多选者本小题不得分，少选但选项正确的可得到相应的分数。）

1. ABCDE　2. BCDE　3. ABCD　4. ABCE　5. ABC　6. AE　7. ABCDE　8. ABCE　9. AC
10. ABCDE　11. BC　12. ABC　13. ABCDE　14. BCDE　15. ABCDE　16. AD　17. BDE
18. ABCD　19. ABCD　20. CD　21. ACDE　22. CD　23. AB　24. ABC　25. ACE
26. ADE　27. CD　28. ACE　29. ABCDE　30. AD

四、情景问答题（请简要回答下面的问题）

1. 答：甲公司应该选择铁路运输方式中的整车运输。原因如下：

（1）甲公司是产煤企业，煤炭属于铁路运输中的普通货物，便于运输。

（2）铁路具有中长距离运费低廉、运量大的优点，从山西至北京距离适中，30 吨煤炭的运量恰好适合整车运输。因此，选择铁路运输既能够节约该公司成本，又方便快捷。同时，选择铁路运输方式还非常环保。

2. 答：由于货物本身的性质，在运输过程中，需要采取特殊的运送措施才能保证货物完整和行车安全的，称为特殊条件货物。该企业将要运送的海鲜以及爆竹都属于特殊条件货物，应该特殊运输。

鉴于从青岛至四川，路途有些遥远，为了最大化的节约成本，并且保证货物的安全到达，企业可以选择铁路运输。诸如爆竹这类危险货物在运输过程中，要按照其特性在包装、标志、承运、装卸、编组、挂运、防护和管理等方面采取妥善的安全措施。对于海鲜类鲜活物品，在运输、保管过程中，需要采取冷藏或加温、供应饲料、饮水等特殊措施，以防腐坏变质或死亡的货物。

3. 答：这种货物为超限货物。一件货物装车后，在直线上停留时，货物的高度和宽度有任何部位超出机车车辆限界或特定区段装载限界的，或行经半径为 300 米的曲线时，货物任何部位的计算宽度超限时，称为超限货物。对超限货物，要在车辆选择、装载方案制定、装车和挂运等方面采取妥善措施，确保运输安全。

4. 答：运输超限货物时，发站应将超限货物的等级在货物运单货物名称栏内注明，按下列规定计费：①一级超限货物：按运价率加 50%；②二级超限货物：按运价率加 100%；③超级超限货物：按运价率加 150%；④需要限速运行（不包括仅通过桥梁、隧道、出入站线限速运行）的货物，按运价率加 150% 计费。

5. 答：该铁路局应该首先制订铁路货物运输计划。铁路货物运输计划按其编制期限分为长远计划、年度计划和月度计划。长远计划是较长时期的运量规划，通常为五年或十年，它根据国民经济发展的远景来核定。年度计划直接反映计划年度国民经济计划中铁路应完成的运输任务，包括当年的货物发送量、货物流向、货物平均运程、货物周转量和货运密度等经济指标，作为列车编组计划、列车运行图和分配各铁路局货物运输任务的依据。货物运输生产计划（月度计划）根据年度计划和托运人当时提出的具体运输要求编制，包括安排货源货流组织的铁路运输生产货运计划（简称货运计划）和安排货车等运输设备使用的铁路运输生产技术计划（简称技术计划）。

6. 答：该物流公司应该变更其运输计划。所谓变更运输计划，是指货运计划已经批准，但货主需要临时变更收货人、到站和货物品名。变更的新到站应和原到站顺路，不超出原到达局范围，不增加限制区段运量；变更的货物品名应是原单位经营的物资，并在同一品类范围内；发站原则上不得变更。发生计划变更时，托运单位要按规定提出变更运输计划要求书，运输计划只能变更一次，日常要车计划不办理变更。

该物流公司应该立刻与客户取得联系，及时更改收货人信息。

五、论述题

1. 答：铁路货物运输是使用铁路列车运送货物的一种运输方式，主要承担长距离、大宗货物运输。铁路货物运输的优点包括安全、不受天气的影响、中长距离运费低廉、运输批量大、节能等。铁路货物运输的劣势包括不适于短距离货运、货车中途作业需要时间、运费没有弹性、不能实现“门到门”运输、车站固定，无法随处停车、货物滞留时间长等。

2. 答：铁路运输的货物，按货物的性质可分为普通货物和特殊条件货物。由于货物本身的性质，在运输过程中，需要采取特殊的运送措施才能保证货物完整和行车安全的，称为特殊条件货物。按特殊条件货物的不同运送要求，又可分为五种。

（1）危险货物。危险货物在运输过程中，要分别按照其特性在包装、标志、承运、装卸、编组、挂运、防护和管理等方面采取妥善的安全措施。

（2）鲜活货物。在运输、保管过程中，需要采取冷藏或加温、供应饲料、饮水等特殊措施，以防腐坏变质或死亡的货物。

（3）超限货物。对超限货物，要在车辆选择、装载方案制定、装车和挂运等方面采取妥善措施，确保运输安全。

（4）超长货物。可以使用游车或跨装，但要保证货物装载或加固的安全技术条件。

（5）集重货物。对集重货物，应在确定装载方案时，避免车底架受力过于集中，造成其工作应力超过设计的容许限度。

3. 答：国际贸易合同中使用 FCA、CPT、CIP、DAF、DDU 和 DDP 条款时，运输方式可以是铁路货物运输。其中，DAF 仅适用于铁路运输，指当卖方在边境的指定地点和具体交货点，在毗邻国家海关边界前，将仍处于交货的运输工具上尚未卸下的货物交给买方处置，办妥货物出口清关手续但尚未办理进口清关手续时，即完成交货。“边境”一词可用于任何边境，包括出口国边境。

六、案例题

1. 答：（1）代办运输的代运人，以自己的名义与承运人签订铁路货物运输合同，代运人为运输合同中的托运人，因此代运人可基于运输合同向承运人主张权利。如果代运人将债权转让与货主（原委托人），则货主可直接依运输合同向承运人主张债权，代运人不再作为债权人参加诉讼。所以，本案冷风库身为货主，代运人已将债权转让货主，冷风库提起本案诉讼，主张债权是正确的。

（2）法院认为雪梨腐烂变质的原因，是在运输途中超过规定运输期限逾期十天造成的，是正确的。因《铁路鲜活货物运输规则》第二十九条明确规定，易腐货物在运输途中不得保留积压。雪梨用棚车运输，一般平均气温要在1℃～6℃。藁城市四月下旬平均气温在16℃左右，重庆市五月上旬平均气温在20℃左右，运输本身就有风险。《铁路鲜活货物运输规则》中虽规定，易腐货物容许运输规定期限内大于三日，但过高的温度，逾期的运输条件，必然使易腐的雪梨腐烂变质。

（3）铁路运输企业（包括发站、到站及中途各站）应对所承运的货物负有安全、完整、及时运输的义务。对铁路逾期运到或发生灭失、变质、损坏等，除不可抗力、货物本身的自然属性及托运人、收货人的过错可以免责外，铁路运输企业应承担逾期违约的赔偿责任。该车雪梨腐烂变质不是铁路运输企业故意或重大过失造成，也不是货物本身自然属性等因素所致，而是逾期十天运到造成雪梨腐烂变质。根据最高人民法院《关于审理铁路运输损害赔偿案件若干问题的解释》第四条一款“投保货物运输险的货物，在运输中发生损失，对不属于铁路运输企业免责范围的，适用《铁路法》第十七条第一款二项的规定，由铁路运输企业承担责任”的规定，本案托运人虽不足额投保货物运输险，可向保险公司索赔，但雪梨腐烂责任明确，将铁路运输企业作为被告，要求货物到达站重庆东站赔偿货物损失等，并无不当。

（4）《铁路法》第十七条第一款第二项规定：“未按保价运输承运的，按照实际损失赔偿，但最高不超过国务院铁路主管部门规定的赔偿限额。”据《铁路货物运输规程》有关规定，因该车货物未办理保价运输，且按件数和重量承运，每吨货物实际损失最高赔偿额为2000元。所以，腐烂变质的2293件雪梨，只能赔偿76433.33元。按运输合同的约定，因承运的2400件雪梨均逾期到达，其违约责任应由铁路运输企业重庆东站承担，支付违约金614.40元。对完好货物及运杂费等不予赔偿。

（5）保险公司是否应承担赔偿责任，应当依据保险合同保险范围来确定，而不是依据铁路方面是否有责任。如果货物损失属于保险范围，保险公司就应予赔偿，然后再依取得的代位求偿权，根据铁路运输合同向负有责任的铁路承运人追偿。

2. 答：（1）政府为铁路的发展构筑外部环境。美国政府在运输政策上的支持，为美国铁路的复兴提供了良好的外部环境。20 世纪 70 年代末，政府首先解除了对铁路的管制，直到 1994 年才解除了对卡车的州际运输管制，保护了铁路的长途运输市场，而且至今仍没有解除对重型卡车的载重管制，客观上扶持了铁路联合运输。

（2）推进市场一体化。美国铁路在发展之初就形成了诸侯割据的局面，划区域经营，市场过度分散，同业竞争激烈，不利于发挥铁路的规模优势；从近年来的发展趋势看，美国乃至北美铁路逐步合并，运输市场向一体化发展，成本结构趋向合理，更有利于发挥铁路的规模优势。

（3）市场定位确定运输产品。重载运输和联合运输是美国铁路的主要产品。一方面，在公路短途运输、航空高价值货物运输的挤压下，铁路货运必然定位于大宗货物重载运输；另一方面，美国经济向区域一体化和全球化发展，为联合运输提供了充分的发展空间，铁路联合运输呈持续上升之势。

（4）重视市场营销。20 世纪 80 年代以来，美国铁路逐步由面向运输生产转为面向市场，将自己定位于服务性行业，非常重视营销工作。从机构设置上保证了营销部门的地位；重视产品和服务的开发，通过营销开辟和巩固运输市场。

（5）重视技术创新。美国铁路围绕其主要产品，在安全、效率、服务等方面的技术创新，在机车车辆、基础设施、运营管理自动化、信息技术等领域处于世界领先水平。美国铁路依靠科技进步降低了生产成本，提高了生产率，进而降低运价，提高了竞争能力。

单元4　航空货物运输答案

一、判断题（本类题型所包含的每道小题都只有正确或错误的一种答案，你认为正确的请在答题卡对应的题号上涂A，错误的涂B。）

1. B　2. A　3. A　4. B　5. A　6. B　7. B　8. B　9. B　10. A　11. A　12. B　13. B　14. B

15. B　16. B　17. A　18. A　19. A　20. A　21. B　22. A　23. B　24. A　25. A　26. B

27. B　28. B　29. B　30. A　31. B　32. B　33. B　34. B　35. B　36. A　37. B　38. B

39. B　40. B　41. B　42. A　43. B　44. B　45. B　46. B　47. A　48. B　49. A　50. B

51. A　52. A　53. B　54. A　55. B　56. A　57. A　58. A　59. A　60. A

二、单选题（本类题型所包括的每道小题只有一个正确答案，请在给出的选项中选出正确答案。）

1. B　2. D　3. B　4. A　5. C　6. C　7. B　8. A　9. D　10. D　11. C　12. C　13. D　14. D

15. C　16. A　17. D　18. C　19. B　20. A　21. D　22. D　23. A　24. A　25. D　26. A

27. B　28. C　29. D　30. D　31. B　32. B　33. C　34. D　35. C　36. A　37. C　38. D

39. A

三、多选题（本题型所包含的每道小题都有不止一个正确答案，请选出你认为正确的答案，错选和多选者本小题不得分，少选但选项正确的可得到相应的分数。）

1. ABCDE　2. ABCD　3. AB　4. ABCDE　5. AB　6. AC　7. ABCDE　8. ABCE　9. ABCDE

10. ACE　11. ABD　12. ABCDE　13. ABCDE　14. ABCD　15. BC　16. ABDE　17. ABD

18. ABCDE　19. ABCDE　20. ABCD　21. AC　22. ABCD　23. ACDE　24. BDE

25. ABCDE　26. AB　27. ABCDE　28. ABC　29. ABCDE　30. ABCDE

四、情景问答题（请简要回答下面的问题）

1. 答：（1）$0.024 \div 0.008 = 3 < 6$ 立方米/吨，故此货物为重货；

（2）实际重量为 $8 \times 5 = 40$ 千克，体积为 $0.024 \times 5 = 0.12$ 立方米，$0.12 \div 0.006 = 20$ 千克，因此，就此票货物而言，按照“择大计收”原则，航空公司会按照计费重量40千克计收运费。

2. 答：报关行对于空运货物的操作流程如下。

（1）接单、送单：托运人可自行选择报关行，也可委托航空货运代理公司进行报关。托运人备妥报关资料之后，连同货站的“可收运书”，航空公司的正本运单及时交给报关行，以便于及时报关，方便货物及早通关以及运输。

（2）预录入：报关行将根据以上文件，整理并完善所有报关文件，将数据录入海关系统，进行预先审核。

（3）申报：预录通过后，可进行正式申报程序，将所有单证交由海关审核。

（4）送单时间：根据航班时间，一般提前一天报关。

（5）转关货物要收取相应的转关费用。

3. 答：航空货运代理公司大都对运输环节和有关规章制度十分熟悉，并与民航、海关、商检和交通运输部门有着广泛的联系，具备代办运输手续的条件。同时，航空货运代理公司在世界各地都设有分支机构或合作方，因此能够及时联络，控制货物运输的全过程。委托人可以通过航空货运代理查询航班班期，因此委托航空货运代理办理进出口货物运输比委托人直接向航空公司办理委托更为便利。

4. 答：海关对于空运货物的出口清关操作流程如下。

（1）审单：海关将根据报关资料审核货物以及单证；

（2）查验：抽查或者由航空货运代理公司自查（代理要对查验后果负责）；

（3）征税：海关根据货物的类别，按照国家法律的规定收取税收，并填写核销单（以便货物出口后，托运人退税用）；

（4）放行：以上手续完备后，海关将对货物进行放行，在相关单证上加盖海关放行章，交给相关的报关行。

应该注意空运货物的通关时间，一般情况为当天。

5. 答：海关对于空运货物的进口清关操作流程如下。

（1）初审：审查报关单证是否齐全；

（2）审单：根据报关资料审核货物以及单证内容；

（3）查验：抽查或者由航空货运代理公司审核（代理要对查验后果负责）；

（4）征税：根据货物的类别，按照国家法律的规定征税和相关费用；

（5）放行：以上手续完备之后，对货物进行放行，在相关的单证上加盖海关放行章，交给相关的报关行。

6. 答：航空运输的优势：运送速度快；不受地面条件影响；安全、准确；节约保险、包装、利息等费用；经济效益高。

五、计算题

1. 解：（1）总毛重 $=56.3+14.8+102.9=174$ 千克

（2）体积重量 $=\dfrac{121\times72\times64\times5+55\times43\times30\times14+83\times39\times25}{6000}=643.67=643.7$ 千克

174 千克小于 643.7 千克，所以按体积重量 643.7 千克。

2. 解：A：体积重量 $=\dfrac{90\times50\times70}{6000}=52.5$ 千克 >30 千克　（轻货）

B：体积重量 $=\dfrac{70\times50\times40}{6000}=23.5$ 千克 <30 千克　（重货）

60 千克小于 76 千克，所以按体积重量 76 千克。

六、论述题

1. 答：（1）空运货物出口流程，如下图所示：

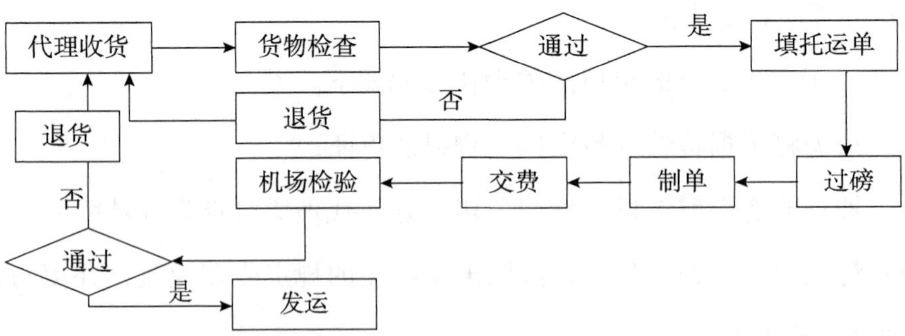

①托运人选择适合的航空货运代理公司。②托运人提供空运货物资料：托运人名称、电话、地址；品名，件数，重量，箱规尺寸；目的港及目的港收货人名称、地址、电话；备妥应具备的报关资料：清单、合同、发票、手册、核销单等。③航空货运代理公司检查委托书内容是否齐全，不齐全的要补充完备；了解货物是否要做商检，并对需要做商检的货物协助办理商检。④航空货运代理公司根据托运人的委托书，向航空公司订舱（也可由托运人指定

航空公司)。⑤货物通过安、卫检，即可由航空货运代理公司填报托运单；如果检查没有通过，则要作退货处理。⑥托运人填写报关委托书，交由委托报关的航空货运代理公司或报关行申报；如果海关没有放行，则要作退货处理。⑦托运人与所选择的航空货运代理公司协商并确定运价。⑧托运人将货物运至航空货运代理公司指定地点，或由其上门提货。⑨航空货运代理公司将所托运的货物过磅并预录报关单。⑩理货、入库。⑪托运人缴纳仓储费、卫检费等杂费。⑫货物送交机场检验，如无问题则装机发运；如有，则作退货处理。⑬航空货运代理公司代办核销退税，托运人付运费。⑭发运 7 日后航空货运代理公司回海关贴关单防伪签。

（2）空运货物进口基本流程，如下图所示：

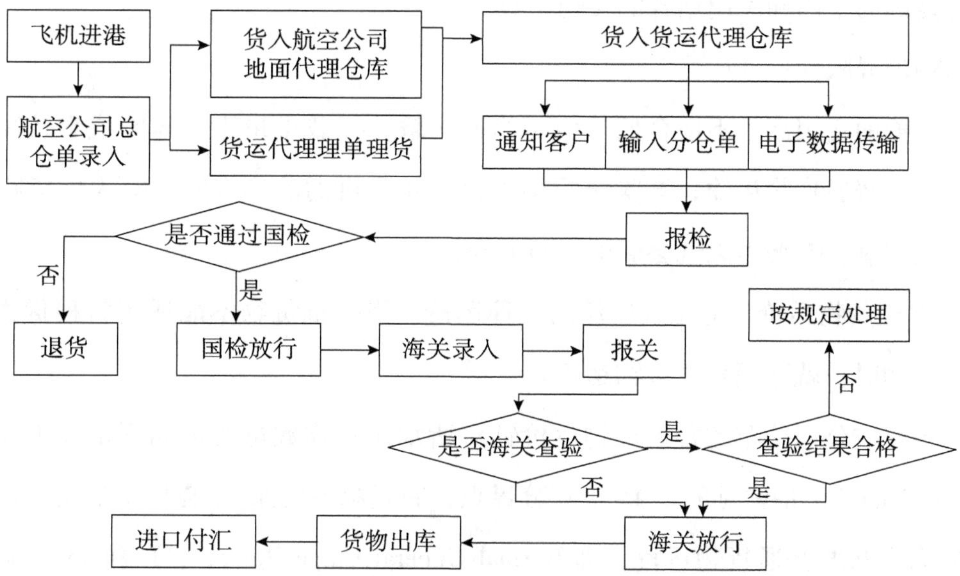

①飞机进场之后，航空公司要将总舱单录入电脑；②货物可以由航空公司地面代理接收，也可以由航空货运代理公司接收；③进入仓库之后，由航空货运代理公司通知客户、输单和做电子数据传输，并且报检；④国家检验检疫局可以免验也可以抽验；⑤免验或者检验通过即放行，检验没有通过的货物要做处理，可能需要退货；⑥放行之后，需要报关；⑦海关不查验或者查验后合格就可以放行，查验不合格要做相关处理；⑧放行之后，货物出库，交与收货人；⑨收货人要做进口付汇。

2. 答：航空运输的优势：

①运送速度快：目前飞机是最快捷的交通运输工具，常见的喷气式飞机的经济巡航速度大都在 850 ~ 900 千米/小时。由于大大缩短了运输时间，所以特别适用于运送易腐烂、易变

质的鲜活货物，还适合运送季节性、时效性强的货物，如报刊、抢险、救急品等。许多贵重物品、精密仪器也常采用空运的方式运送。②不受地面条件影响：航空运输可以利用天空这一自然通道，不受地理条件约束，对地面条件恶劣、交通不便的内陆地区非常合适，有利于当地资源的输出，促进当地经济发展。③安全、准确：与其他运输方式相比，航空运输的安全性高，风险率约为1/3000000。航空公司的运输管理制度也比较完善，货物的破损率较低。如果采用空运集装箱方式运输，则更安全。④节约保险、包装、利息等费用：由于货物在途时间短，周转速度快，企业库存可以相应减少。有利于提高资金周转率，还可以降低企业的仓储费用。航空运输的货物包装简单，有利于企业降低成本。⑤经济效益高：修建机场比修建铁路、公路占用土地少，投资省。航空器不需要任何改装，即可迅速地转而为应急或者战争服务，是良好的军用和民用结合的交通工具。

航空运输的局限性：

①航空运输的费用高，不适合低价值货物的运输；②载重量小、运输成本较高，目前尚不能完成大量的普通货物运输；③噪声污染严重；④飞机的舱容有限，对大件货物或者大批量货物有一定限制；⑤恶劣天气会影响飞行安全。

3. 答：普通货物运价是适用最广泛的一种运价。当一批货物不能适用特种货物运价，也不属于等级货物时，就适用普通货物运价。

通常，各航空公司公布的普通货物运价针对所承运货物数量的不同规定几个计费重量分界点（Break Points）。最常见的是45千克分界点，将货物分为45千克以下的货物（该种货物的运价又被称为标准普通货物运价，即Normal General Cargo Rates，N）和45千克以上（含45千克）的货物。另外，根据航线货流量的不同还可以规定100千克、300千克分界点，甚至更多。运价的数额随运输货量的增加而降低，这也是航空运价的显著特点之一。

七、案例题

答：案例中，造成出口方F公司陷入被动局面的根本原因在于丧失了货权。而出口方在得到偿付之前就已丧失货权是由航空运单（AIR WAY BILL）的特性决定的。我们都知道信用证的最大优点就是银行信用保证，虽然银行处理的只是单据，不问货物的具体情况，但如果买方不付款赎单，就提不到货物，这在海运方式下是可以实现的，因为海运提单是物权凭证，买方只有凭其从银行赎来的海运提单才能到目的港提货。但空运方式下的空运单据——航空运单则不具有物权凭证的特征，它仅是航空乘运人或其代理人签发的接受货物的收据。由于空运的时间很短，通常在托运人将航空运单交给收货人之前，货物就已经运到目的地，因此收货人凭托运人的到货通知和有关的身份证明就可提货。这样一来，在空运方式下即使是采用信用证作为结算方式，对于卖方而言也不是很保险。但在实务中我们还是经常会遇到选择空运的情况，比如一些易腐商品、鲜活商品、季节性强的商品以及高价值且量少的商品等。

如何防范空运方式下的信用证风险，可采用以下一些措施。

①争取与其他支付方式结合使用，比如要求买方在出货前预先电汇一定比例的货款以分散风险。②严格审查进口商的资信情况，包括财务状况、经营状况、付款记录等，以核定其信用度，决定合同金额的大小。③严格审查开证行的资信情况，以免出现开证行故意找出"不符点"拒付，使买方不付款提货，造成钱、货两空的局面，必要时可要求对信用证加具保兑。④如果金额太大，可要求分批交货。⑤严格认真地根据信用证制作单据，做到"单单一致，单证相符"。在单据方面不给对方造成任何可乘之机，并要求议付行予以密切配合，在开证行/偿付行有变故时，要与对方据理力争，严格按照《UCP 500》及其他有关国际惯例办事，维护我方合法权益与航空承运人及其在目的地代理人保持密切联系，因为在收货人尚未提取货物前，如果出口商觉察到有任何变故，出口商/托运人有权要求航空承运人退回，或变更收货人，或变更目的地。⑥投保出口信用险，出口信用险是保障因国外进口商的商业风险或政治风险而给本国出口人所造成的收不到货款的损失。

单元5　水路货物运输答案

一、判断题（本类题型所包含的每道小题都只有正确或错误的一种答案，你认为正确的请在答题卡对应的题号上涂A，错误的涂B。）

1. B　2. A　3. A　4. A　5. A　6. B　7. B　8. A　9. B　10. B　11. B　12. A　13. A　14. A　15. A　16. B　17. A　18. A　19. A　20. B　21. A　22. B　23. A　24. B　25. A　26. B　27. B　28. A　29. A　30. B　31. A　32. A　33. B　34. B　35. A　36. B　37. A　38. A　39. B　40. A　41. B　42. B　43. B　44. B　45. A　46. A　47. A　48. A　49. A　50. B　51. A　52. A　53. B　54. A　55. A　56. A　57. B　58. A　59. A　60. A　61. A　62. B

二、单选题（本类题型所包括的每道小题只有一个正确答案，请在给出的选项中选出正确答案。）

1. C　2. B　3. D　4. D　5. A　6. A　7. B　8. C　9. A　10. A　11. B　12. A　13. B　14. B　15. C　16. A　17. C　18. D　19. A　20. B　21. A　22. C　23. B　24. D　25. D　26. A　27. D　28. A　29. C　30. D　31. D　32. B　33. D　34. D　35. D　36. D　37. B　38. D　39. A　40. D

三、多选题（本题型所包含的每道小题都有不止一个正确答案，请选出你认为正确的答案，错选和多选者本小题不得分，少选但选项正确的可得到相应的分数。）

1. ABCDE　2. ABCE　3. ABCD　4. AB　5. BCD　6. ABCE　7. ABDE　8. ABCD　9. ACD　10. ABCDE　11. ABC　12. ACD　13. ABCDE　14. ABDE　15. ABCD　16. ABC　17. ABE　18. AB　19. ABCE　20. ABCDE　21. ABCD　22. ABC　23. ABCE　24. ABCDE　25. ABCDE　26. ABC　27. ACD　28. AE　29. ABC

四、情景问答题（请简要回答下面的问题）

1. 答：在本案例所列的几种情况中，属于承运人责任的是（1）和（2）。因为提单是承运人或其代理人在收到货物后签发给托运人的一种单据，即承运货物收据，证明其已按提单的记载收到托运人的货物。本案例中承运人签发的是“已装船清洁提单”这说明承运人所收到的货物是“表面状况良好”的货物，即货物未受损、包装也完好。货到目的地后发现的（1）、（2）两种情况是表面状况不良好的表现，可见其责任应当由承运人承担。

2. 答：买方可以撤销第五批以后的各批货物。依据国际贸易惯例对分批装运的规定，如果合同和信用证中规定出允许分批装运，并规定了具体的装运时间和每批的数量，只要其中任何一批未按合同规定的条款交付货物，则本批及以后各批均告失效。在本案例中，第五批大米虽然按时装运，但货物品种不符合合同要求，所以该批以后各批都违背了合同及信用证要求。买方可以予以撤销。

3. 答：（1）涉及海上损失中部分损失的问题，部分损失分两种，一种是单独海损，一种是共同海损。所谓单独海损，指损失仅属于特定方面特定利益方，并不涉及其他货主和船方。所谓共同海损，是指载货船舶在海上遇到灾害、事故，威胁到船货等各方面的共同安全，为了解除这种威胁，维护船货安全使航程行以继续完成，船方有意识地、合理地采取措施，造成某些特殊损失或支出特殊额外费用。构成共同海损必须具备以下条件：①共同海损的危险必须是实际存在的，或者是不可避免而产生的，不是主观臆测的；②消除船、货共同危险而采取的措施，必须是有意的和合理的；③必须是属于非正常性质的损失；④费用支出是额外的。

（2）结合本案例可知：①损失是由于货船触礁导致，属意外事故，故其为单独海损；②损失是船长为避免实际的船板裂缝风险而采取的有意的、合理的避险措施，属于非正常性质的损失，费用支出也是额外的，故其属于共同海损。

4. 答：（1）进口商应支付货款。因为本案中交货条件为 CIF，根据《2000 年国际贸易术语解释通则》中的解释，按 CIF 条件成交，买卖双方交货的风险界点在装运港的船舷，货物越过装运港船舷以前的风险由卖方承担，货物越过装运港船舷以后的风险由买方承担。另外，由于 CIF 是象征性交货，卖方凭单交货、买方凭单付款，即使货物在运输途中全部灭失，买方仍需付款，但如货物品质问题，可凭商检机构的检验证书向卖方索赔。

（2）出口商应以该批货物负赔偿责任，因为该批货物在运输途中并无任何风险导致损失，发生质变完全是因为生产工序问题，这属于货物的品质问题，故其应向买方负赔偿损失的责任。

5. 答：船公司的责任期限是从接收货物时起直至交付货物时止。船公司有按提单所列货物的数量、质量等规格交货的责任。在目的港发生货物的短损，船公司应负赔偿责任。鉴于海上风险无法预料，船方无法保证在确定时间内将托运货物运抵目的港，因此《1978年联合国海上运输公约》中规定，只要无故意跨绕情形，船方不负此项延期交货所引起的损失。本案中船方若无理拖延交货致使原本可以防止的损失扩大或增加，该厂可要求船方赔偿因其行为所导致的损失，即该厂可对由于生产计划拖延造成的估计损失要求船方赔偿。

6. 答：集装箱运输是将各种杂货集装于具有统一长、宽、高规格的箱体内进行运输。集装箱既可以装船利用水路货物运输，也可通过铁路、公路运输，中途更换车船而不必把货物取出，可以提高装卸效率，有利于机械化操作，减轻繁重的体力劳动，减少货物的损失，简化繁杂的手续，加快车船的周转，降低运输成本。集装箱运输支持了从托运人的仓库直接送到收货人的仓库的“门到门”物流服务，使得供应链上货物的流动更加顺畅。

五、论述题

1. 答：(1) 与其他运输方式相比，水运具有如下特点：首先，开发利用涉及面较广。其次，对综合运输的依赖性较大。水运航线无法在广大陆地上任意延伸，故水运的充分开发利用，要与铁路、公路和管道等运输方式配合，并实行联运。再次，是开展国际贸易的主要方式，是发展经济和友好往来的主要交通工具。

(2) 水路货物运输的优势：成本低；载重量大；通过能力大；耗能少；投资省；对综合运输依赖性较大；少占或不占农田。

(3) 水路货物运输的局限性：受自然条件的限制与影响大。即受海洋与河流的地理分布及其地质、地貌、水文与气象等条件和因素的明显制约与影响；运输速度低；灵活性小；连续性差；有的地方要加宽河道、疏浚、挖深或沟通。与其他运输方式相比较，水路货物运输所受的限制比较小，成本低、对环境的污染明显小于空运和公路运输，因此具有其他运输方式不可替代的作用。

2. 答：班轮运输以固定的船舶，按照以运行周期为依据编制的船期表上的挂离港日期组织船舶运行，即定期定港班轮运输。操作流程如下：

①承运人和货主之间不签订租船合同，仅按船公司签发的提单，处理运输中有关问题；②承运人通常要求托运人送货至其指定的码头仓库或堆场交货，收货人在承运人指定的码头仓库或堆场提货；③班轮承运人负责包括装、卸货物及理舱在内的作业，并负担全部费用；

④班轮运输一般有固定港口、固定航线、固定开航时间，不计滞期费和/或速遣费，班轮运费相对稳定。

3. 答：（1）代表托运人（出口商）完成的工作：接受委托；帮助托运人选择运输路线、运输方式、确定运费和承运人；为约定的船务代理或者船公司提供揽货、订舱服务；了解信用证条款和所有政府的规定；获得托运人相关信息并据此缮制有关单证；包装；储存；称重和量尺码；代办熏蒸；代办出口货物的报检报验；货物的出口报关；办理退关（如果发生）；代办保险；将办理完各种必要手续、海关放行的货物交给船公司；外汇交易；支付运费及其他费用；收取已签发的正本提单，并交给委托人；安排货物转运；通知收货人货物动态及相关单证状况；记录货物灭失情况（如果发生）；协助委托人向有关责任方进行索赔（如果发生）；流通领域的简单加工；咨询服务；第三方物流公司的其他延伸服务。

（2）代表收货人（进口商）完成的工作：接受委托；报告货物动态；接收和审核所有与运输有关的单据；办理与单证相关的手续；提货和交付到付运费；安排进口货物报关、完税及其他费用；安排报检报验；安排运输过程中货物的暂存、转运和/或转口；向收货人交付海关放行的货物；协助收货人储存或分拨货物；流通领域的简单加工；协助收货人向有关责任方进行索赔；第三方物流公司的其他延伸服务。

4. 答：托运人的出口委托作业流程：

①托运人确定一家合适的货运代理之后，要缮制出口委托书，进行委托。②将委托书交给该货运代理；如需要，委托货运代理报检报验。③以书面形式与货运代理确认订舱要求，将必要的信息与货运代理确认，包括船名、航次、提单号、预计开航日、集港日、结关日、运费及该货运代理的港口办事处联系方式等。④托运人与货运代理确认装箱方式。产装（产地装箱）时，货运代理把集装箱送到托运人指定地点，托运人装箱、封箱，然后将重箱送至回箱地点；港口场站（CFS）装箱，托运人可以委托货运代理送货，由 CFS 负责装箱。⑤托运人将全套单据备妥后，尽快交给货运代理（最迟在结关日前 2 天），货运代理确认无误，可以代报关；也可以委托报关行报关。有时，货运代理也可以代为缮制单证。⑥开船前托运人需要再次核实货运代理缮制的提单内容。⑦开船后交运费（运费预付，一般由货运代理代缴），换取全套正本提单。⑧从货运代理处取得出口收汇核销单及退税单证以便办理核销退税。⑨其他委托事宜。

六、案例题

（1）答：集装箱船舶的类型有两种分类方式，其中一种的分类如下。

部分集装箱船：仅以船的中央部位作为集装箱的专用舱位，其他舱位仍装普通杂货。全集装箱船：指专门用以装运集袋箱的船舶。可变换的集装箱船：这种船的货舱，可以根据需要随时改变设施。既可装运集装箱，也可以装运其他普通杂货，以提高船舶的利用率。

另外一种分类是根据著名研究报告公司克拉克森统计将集装箱船分为六类：小型支线船（100～499TEU）；大型支线船（500～999TEU）；灵便型船（1000～1999TEU）；次巴拿马型船（2000～2999TEU）；巴拿马型船（3000～3999TEU）；超巴拿马型船（4000TEU以上）

（2）答：①加强电子数据交换在物流经营管理方面的应用；

②利用网络化管理对装卸、搬运、保管等过程实施标准化操作；

③现代物流的运作也离不开高科技，要想突破采购、配送等电子物流的瓶颈，必须依靠整个物流体系的信息化构建；

④随着中国经济在世界经济板块的重要性日益明显，企业需要懂得国际市场的各种规则。

单元6　多式联运答案

一、判断题（本类题型所包含的每道小题都只有正确或错误的一种答案，你认为正确的请在答题卡对应的题号上涂A，错误的涂B。）

1. A　2. B　3. B　4. A　5. A　6. A　7. B　8. B　9. B　10. A　11. A　12. B　13. A　14. B
15. A　16. B　17. A　18. B　19. A　20. A　21. B　22. A　23. B　24. A　25. B　26. B
27. A　28. A　29. A　30. B　31. A　32. A　33. A　34. A　35. B　36. A　37. A　38. B
39. A　40. B　41. A　42. B　43. B　44. A　45. A　46. B　47. A　48. A　49. B　50. B
51. B　52. A　53. B　54. A　55. B　56. A　57. A　58. B　59. A　60. A

二、单选题（本类题型所包括的每道小题只有一个正确答案，请在给出的选项中选出正确答案。）

1. A　2. D　3. D　4. C　5. B　6. B　7. A　8. D　9. B　10. D　11. A　12. C　13. C　14. D
15. A　16. D　17. D　18. C　19. B　20. A　21. B　22. C　23. D　24. D　25. A　26. A
27. A　28. B　29. B　30. C　31. A　32. C　33. B　34. D　35. A　36. D　37. B　38. A
39. A　40. B

三、多选题（本题型所包含的每道小题都有不止一个正确答案，请选出你认为正确的答案，错选和多选者本小题不得分，少选但选项正确的可得到相应的分数。）

1. AB　2. ABCE　3. ABCD　4. ABCDE　5. ABDE　6. ABCDE　7. ABCDE　8. ABC
9. ABCDE　10. ABD　11. ABCE　12. ABCDE　13. ABC　14. ABE　15. ABCD　16. ABCD
17. ABC　18. AB　19. CD　20. ABE　21. ABCDE　22. ABC　23. ABC　24. ABCE
25. BCD　26. ABCDE　27. ABC　28. ABCDE　29. ABCE　30. ABC

四、情景问答题（请简要回答下面的问题）

1. 答：国内多式联运一般是以某种运输方式为主，其他运输方式为辅，完成从起运点到交付点的运输方式，如以铁路为主，以公路和水路为辅的联运；以长江水路为主干线，以铁路和公路为辅的联运，等等。

2. 答：取得从事国际多式联运的资格；拥有国际多式联运线路以及相应的经营网络；与有关的实际承运人、场站经营人长期合作；拥有必要的运输设备，尤其是场站设施和运输工具；拥有雄厚的资金和良好的商誉；拥有符合规定要求的国际多式联运单据；具备经营国际多式联运线路的运价表。

3. 答：国际多式联运费用构成包括以下三部分。

（1）运输总成本：包括集疏运费、港口费、海运运费、集装箱租赁费和保险费等；

（2）经营管理费：多式联运经营人与发货人、各派出机构、代理、实际承运人之间的单证传递费、通信费、单证成本和制单手续费等；

（3）经营利润：多式联运经营人预期从该线路的联运中获得的毛利润。

4. 答：分割责任制，是指多式联运经营人和各区段的实际承运人仅对自己区段的货物运输负责，各区段的责任原则按该区段适用的法律予以确定，多式联运经营人并不承担全程运输责任；统一责任制，是指多式联运经营人对货物灭失、损害负责赔偿的一种制度，按照该种形式的责任制，由签发多式联运单证的人对货物受损人按统一的责任限制负责赔偿；网状责任制，是指由签发多式联运单证的人对全程负责，但其损害赔偿的责任与统一责任制不同，是按造成该货损的实际运输区段的责任限制予以赔偿。

5. 答：公铁联运不仅可以极大地满足现代物流发展的需要，同时可以有效地结合公路、铁路各自的优势，发挥铁路运输的准时、安全、费用低以及公路快速、灵活、服务到门的优势。同时避免了铁路运输速度慢、网点少、服务差；公路运输安全系数低、费用高和交通拥堵等缺陷。

6. 答：公路运输——根据《国际公路货运公约》或内国法；铁路运输——根据《国际铁路货运公约》或内国法；海上运输——根据《海牙规则》或内国法；航空运输——根据《华沙航空公约》或内国法。

五、论述题

1. 答：（1）早在1962年，我国就出台了关于公路运输与水路运输联合运输的文件。随后，又相继出台了关于公路与铁路联合运输、铁路与水路联合运输等相关文件。1989年3月，国家科委批准的“七五”国家重点项目“国际集装箱运输系统（多式联运）工业性试验”，为推动我国集装箱运输的规范化和现代化及多式联运的快速发展起了良好作用。

（2）2000 年后，我国加大了与国际多式联运的合作，先后与加拿大、美国等发达国家建立合作关系，开展多式联运的合作与交流，为我国的多式联运成长与发展创造了条件。

（3）目前，我国已开展的国际多式联运路线主要包括我国内地经海运往返日本内地、美国内地、非洲内地、西欧内地、澳洲内地等联运线以及经蒙古或俄罗斯至伊朗和往返西、北欧各国的西伯利亚大陆桥运输线。

2. 答：我国多式联运发展相比较于其他发达国家而言，还是相对落后，发展比较缓慢，原因如下。

（1）对于集装箱运输的管理、内陆集装箱中转站、货物安全标准、国际船代、国际货运代理、海商法、国际集装箱多式联运管理规则、海关法规、海上国际集装箱电子数据交换协议规则和进出口业务流程规定等，我国还没有具体的专门规定。我国《海商法》和《合同法》虽然对多式联运作了规定，但仍不够完善，有待改进。

（2）与国外较为成熟的多式联运系统相比，我国的多式联运系统在“联”的方面还很欠缺。目前大量的集装箱是通过海运—公路组合连续运输。在这些组合中，只在上海、浙江、江苏和京津塘等沿海省市有海运—公路联运。联运单证也由船公司或其代理人签发，没有形成统一的多式联运经营人网络。

（3）广大内陆地区运输的货物以煤、铁、矿石等大宗原材料为主，适箱货源所占比重较低，用集装箱进行运输成本较高，对集装箱运输的需求尚不迫切。

（4）我国对运输的管制政策并不宽松，一些具体的运输政策与发展多式联运还不相适应，如运价定价权和管理权的相对集中，导致了运价与市场供求的不一致性；铁路自备车的存在造成价格双轨制和运输组织管理的困难；公路经营性运输和自营性运输管理费征收的不平等。这些问题都亟待解决。

3. 答：（1）简化托运、结算及理赔手续，节省费用。托运人只需办理一次托运，订立一份运输合同，投保一次保险，支付一次费用，省去托运人办理手续的诸多不便。

（2）缩短货物运输时间，减少货损货差，提高货运质量。保证了货物安全、迅速、准确、及时地运抵目的地，降低了货物的库存量和库存成本。

（3）提高运输管理水平，实现运输合理化。货物交由第一承运人以后，托运人即可取得货运单证，并据以结汇，因此缩短了结汇时间，这不仅有利于加速流动资金的周转，还可以减少利息的支出。此外，由于货物是置于集装箱，因此可相应地节省货物的包装，理货和保险等费用的支出。

(4) 对货物运输全过程的控制有利于供应链管理。由不同的运输经营人共同参与多式联运，经营的范围得以扩展，同时现有设备可以最大限度地发挥其作用，组织合理化运输。

(5) 运输过程中可以获得较大的运费收入。国外不同运输阶段的运费可以在国内结算，有利于本国增加收入比例；有助于引进新的先进运输技术，有利于环保。

六、案例题

(1) 答：①货物运输中基本方式有公路运输、铁路运输、水路运输、航空运输。②海陆联运是国际多式联运的主要形式之一，主要是以航运公司为主体，签发联运提单，与航线两端的内陆运输部门合作，开展联运业务，其竞争对手是陆桥运输。陆桥运输（Land Bridge Service）指的是采用集装箱专用列车或卡车，把横贯大陆的铁路或公路作为中间“桥梁”，把大陆两端的集装箱海运航线与专用列车或卡车运输服务连接起来，形成连贯的运输方式。海—空联运，海空联运又称为空桥运输（Air Bridge Service）。空桥运输与陆桥运输的不同之处在于空桥运输的货物通常要在航空港换入航空集装箱。公—铁联运，公铁联运不仅可以极大地满足现代物流发展的需要，同时可以有效地结合公路、铁路各自的优势。陆空联运更加普遍地被各国所采用，尤其是工业发达的国家、高速公路较多的国家，这种方式更显其效率。除此以外，市场上还存在其他形式的国际多式联运。

(2) 答：①“车”将大力推广节能驾驶经验，加强营运车辆用油定额考核，严格执行车辆燃料消耗量限值标准，淘汰高耗能车辆，推广新能源和清洁燃料车辆，推进甩挂运输；②“船”将大力推广船型标准化，靠港船舶使用岸电：“路”将大力推广高速公路不停车收费，优化运输组织，推广甩挂运输，公路隧道节能和路面材料再生技术，推进太阳能在公路系统的应用；③“港”将大力推广轮胎式集装箱、门式起重机、“油改电”和船舶使用的岸电建设；④在航空方面，进行可替代燃料的研制；⑤在航运方面，积极探索节能减排的多种途径，打造低碳航运；⑥在公路货运方面，开通新干线等；⑦利用自身先进物流技术，整合集团资源，优化资源配置，通过高效规划和实施运输、仓储、装卸、配送和包装等物流活动的低能耗、低排放管理。

单元7　货物运输单证和风险管理答案

一、判断题（本类题型所包含的每道小题都只有正确或错误的一种答案，你认为正确的请在答题卡对应的题号上涂A，错误的涂B。）

1. A　2. B　3. B　4. A　5. A　6. B　7. A　8. A　9. A　10. B　11. A　12. B　13. B　14. A

15. A　16. A　17. B　18. B　19. A　20. B　21. B　22. A　23. A　24. A　25. B　26. B

27. A　28. B　29. B　30. B　31. A　32. B　33. A　34. A　35. A　36. A　37. B　38. A

39. B　40. A　41. A　42. A　43. B　44. B　45. A　46. A　47. A　48. B　49. A　50. B

51. A　52. B　53. A　54. A　55. B　56. B　57. B　58. A　59. A　60. A

二、单选题（本类题型所包括的每道小题只有一个正确答案，请在给出的选项中选出正确答案。）

1. A　2. B　3. D　4. D　5. A　6. B　7. C　8. C　9. B　10. B　11. D　12. C　13. D　14. B

15. C　16. B　17. A　18. D　19. C　20. A　21. D　22. B　23. C　24. A　25. A　26. D

27. A　28. C　29. B　30. B　31. C　32. D　33. A　34. B　35. C　36. B　37. A　38. D

39. A　40. B

三、多选题（本题型所包含的每道小题都有不止一个正确答案，请选出你认为正确的答案，错选和多选者本小题不得分，少选但选项正确的可得到相应的分数。）

1. ABCD　2. ABCDE　3. ABCDE　4. ABC　5. ABCDE　6. AC　7. ABCDE　8. CE

9. ABCD　10. ABDE　11. BE　12. BCDE　13. AE　14. ABCDE　15. BCDE　16. ABE

17. ABCDE　18. ABCDE　19. BCDE　20. CE　21. ABCDE　22. CDE　23. ACDE

24. ABCDE　25. ABCDE　26. ABCE　27. CDE　28. ABC　29. ABD　30. CD

四、情景问答题（请简要回答下面的问题）

1. 答：对方的要求是合理的。本案例中，装运条件为：CY TO CY，提单上表明：

“Shipper's Load and Count.”。意指整箱装运，整箱交货，即货物由出口方自行装箱、自行封箱后将整箱货物运至集装箱堆场。箱内货物的情况如何，船方概不负责。货物运抵目的港后，在集装箱堆场负责将整箱货物交给收货人，由收货人开箱验货。本案中，经有关船方、海关、保险公司、公证行会同对到货开箱检验，发现其中有20箱包装严重破损，每箱均有短少，共缺成衣512件，各有关方均证明集装箱完好无损，说明货物包装的破损和数量的短少，是由于出口方装箱时的疏忽造成的，因而，东华公司不能推卸责任。

2. 答：①不是违约，银行也能议付。②国际《跟单信用证统一惯例》规定，同一船只、同一航次中多次装运货物，即使提单表示不同的装船日期及（或）不同装船港口，也不作为分批装运论处。③因此，符合合同规定，银行不能拒绝议付。

3. 答：船底划破，致使海水渗入货仓，造成的船货的部分损失，以及遇到恶天气，导致的某货主的部分损失属于单独海损；因修理船只花费的修理费和各项费用开支属于共同海损。

4. 答：海上损失中部分损失的问题，部分损失分两种，一种是单独海损，一种是共同海损。所谓单独海损，指损失仅属于特定方面特定利益方，并不涉及其他货主和船方。所谓共同海损，是指载货船舶在海上遇到灾害、事故，威协到船货等各方面的共同安全，为了解除这种威胁，维护船货安全使航程行以继续完成，船方有意识地、合理地采取措施，造成某些特殊损失或支出特殊额外费用。

5. 答：提单的功能主要有以下三点：

（1）货物收据。当货物装船后，承运人根据收货单或场站收据签发的“已装船提单”虽然不是货物的原始收据，但却是根据货物的原始收据签发的单证，所以具有货物收据的功能。

（2）物权凭证。提单是承运人保证凭以交付货物和可以转让（记名提单除外）的物权凭证。按照航运习惯和法规，谁占有提单就是谁占有了该提单上所记载的货物，就拥有向承运人要求交付货物的请求权。另外，提单可以不经承运人的同意而转让，体现了提单的可转让性，确立了提单的物权凭证的功能。

（3）运输合同的证明。提单是海上货物运输合同成立的证明。但是，当提单转让给第三者后，提单就构成了运输合同。

6. 答：托运人的主要单证包括出口报关委托书（正本）（上海港有特殊格式要求）；商业发票（正本）；装箱单（正本）；报关单（正本）；出口收汇核销单（正本）（海关将连同报关单一并退回）；发货人在当地海关注册的备案号（十位编码）；反恐舱单（美国：AMS；加拿大：ACI）；贸易合同副本；保险单；核销人员IC卡正反面复印件（适用于从新港发货的北

京客户）；商检通关单（提供商检换单凭证）；报检委托书（如托运人委托办理商检换单或必要时办理货物的熏蒸等）；熏蒸证等。

五、论述题

1. 答：（1）公路运输合同。公路运输合同规定了委托人和公路运输承运人之间的责任和义务，受《中华人民共和国合同法》的约束。我国很多运输公司其实就是一种代理公司或负责配货的“信息部”，或称“配货站”“物流中心”等。这类公司实际是运输的组织者，不是实际的承运人，主要业务是从托运人那里揽到货源，再交给合适的承运人承运。托运人和这类公司签订的运输合同也受《中华人民共和国经济合同法》的约束。

（2）铁路运输合同。经国务院批准，由铁道部发布，自1987年7月1日起施行的《铁路货物运输合同实施细则》是订立铁路运输合同的依据。

（3）航空运输合同。航空运输合同对货物和当事人都作了规定，受《中华人民共和国合同法》的约束。个体经营者、个人与航空运输承运人签订的国内航空运输合同，可参照执行。

（4）水路运输合同。水路运输合同规定了委托人和水路运输承运人之间的责任和义务，受《中华人民共和国合同法》的约束，并按照国家海上运输管理规定的要求执行。

（5）国际货物运输委托代理合同。国际货物运输委托代理合同是委托人和代理人之间签订的代理委托协议。国际货运代理的基本特点是受委托人委托或授权，代办各种国际贸易、运输所需要服务的业务，并收取一定报酬，或作为独立的经营人完成并组织货物运输、保管等业务。

（6）国际海上货运合同。国际海上货运合同是指承运人与托运人之间签订的，由承运人负责将货物由一港经海路运至另一国的港口，交由收货人，由托运人（或收货人）支付运费的协议。国际海上货运合同大致可分为两类：一种是班轮运输合同，一种是租船运输合同。

2. 答：货物的品类，辨认货物必须的主要标志，如属危险品，对货物的危险特性所作的明确说明，包数或件数及货物的重量或以其他方式表示的数量等，所有这些项目均由托运人提供；货物的外表状况；承运人的名称和主要营业所；托运人的名称；如托运人指定收货人时，收货人的名称；海上运输合同规定的装货港及承运人在装货港接管货物的日期；海上运输合同规定的卸货港；如提单正本超过一份，列明提单正本的份数；提单的签发地点；承运人或其代表的签字；收货人应付运费金额或由收货人支付运费的其他说明；如属舱面货，货物应该或可以装在舱面上运输的声明；如经双方明确协议，应列明货物在卸货港交付的日期或期限；协议增加的赔偿责任限额。集装箱提单一般都应注明上述各项内容，如缺少其中一项或两项并不影响货物运输和当事人各方之间的利益，集装箱提单仍然有效。同时，除按规定的内容填制外，双方还可根据实际需要和要求，在不违背提单签发国有关法律的规定条件下，加注其他项目内容，如特种货物的装置说明，对所收到的货物批注说明，不同运输方式下各承运人之间的临时洽商批注等。

3. 答：在明确投保货物的投保金额，并根据货运价格、货物性质、包装特点、航线等确定投保险别后，投保人向保险公司提供投保货物的有关单证以及检验证明，办理货物运输险的投保手续。办理货物运输险的投保手续，请注意以下几点。

（1）填写投保单：投保单是投保人向保险公司申请订立保险合同的文字依据，也是保险公司签发保险单接受投保的重要依据。

（2）被保险人栏目：要按保险利益的实际有关人称谓的全称填写。

（3）货物名称：应填写具体名称，一般不要笼统填写。标记应与提单上所载的标记一致，特别要同刷在货物外包装上的实际标记相同。在包装数量中要将包装的性质如箱、包、件、捆及数量都写清楚。

（4）保险金额：一般按照发票金额10%加成计算，加成比例不得超过30%；国内水路、陆路货物运输可按发票金额或发票金额加运费投保。

（5）运输工具：如果是轮船运输，应写明船名，需转运的也要写明确；如是火车、汽车或航空运输，仅写明火车、汽车牌号或空运（或航班号）即可。联运的写明联运方式。

（6）开航日期，有确切日期的要填写具体日期；无确切日期则填上约于×月×日，以及提单或运单号码：航程或路程应按实际填写。

（7）承保险别：要将需要投保的险别填写清楚，如有附加险别或与保险人有其他特别约定的也要在此栏注明。

（8）货运险投保日期：应在船舶开航或运输工具开行之前。

（9）在填写货运险投保单时还应注意，投保的险别、币值与其他条件必须与销售合同、信用证上所列保险条件一致；投保后发现投保项目有错漏，要及时向保险人申请批改，否则出险后发现与货运险投保单所填情况不符，将影响保险人及时、准确的理赔。对于特殊的货物，投保人要根据保险人的要求，提供货物的有关单证（如发票、提单复印件）及必须的检验证书等文件。

六、案例题

（1）答：本案例的焦点在于乙方提交银行的议付单据中提单不符合信用证规定的已装船

清洁提单的要求。由于乙方在实际业务操作已经不可能在信用证规定的时间内向信用证议付行提交符合要求的单据，便心存侥幸以备运提单作为正式已装船清洁提单作为议付单据。岂不知这种做法不仅违反了合同的有关要求而且已经构成了诈骗，其行为人不仅负民事方面的责任还要负刑事责任。

在合同和信用证中详细清楚地规定议付单据中的提单必须是全套清洁的已装船提单受到议付单据后，仔细认真地审核相关单证，确认所有单据符合单单相符、单证相符的要求；仔细审核提单中的每一个细节，确保所收到的提单是全套清洁已装船提单。

（2）答：对于备运提单必须特别注意提单中是否有“已装船”字样，而预借提单因其一般注有“已装船”字样，很难鉴别其真伪，只有通过对照受益人向议付行交单的日期是否早于提单签署日期、装运时间是否晚于提单签署日期，或通过船务公告中的航班时间表来判定，这两种提单也只能通过上述办法从中找出单据的不符点进而拒付，然后通过协商、仲裁或司法程序解决；倒签提单是“已装船”提单，其与预借提单的根本区别在于其签署行为实施的时间是在货物装船以后，而预借提单是在货物实际装船以前。由于倒签提单实际上是“已装船”提单，承运人只是把货物的装船日期及提单的签署日期提前，在审单过程中很难发现；即使通过船务公告或实际装运船只的航海日志确认该提单属倒签提单，但由于 UCP 500 条款中已明确，银行不负责鉴定单据的真伪，开证申请人也就无法因此拒付货款。在这种情况下，只能通过司法程序向法院申请出具止付令，实施财产保全。只有这样，开证行才有权做出拒付。